山口県のド田舎から世界へ

元外交官の回顧録

國安正昭［著］

日本地域社会研究所　コミュニティ・ブックス

まえがき

本書は、約23万人からなる自衛隊員に、某NPO法人が防衛省から特別の許可を得て配布していたいわゆるフリーペーパー「JDA　Club」（自衛隊員を応援する情報誌）に、平成23年から28年までの6年間、24回にわたり「時局講話」なる表題で筆者が執筆連載して来たものを、今回、一冊に取りまとめて発刊したものである。

なお、本書に書かれている内容は筆者の個人的見解であり、また事実関係の記述に関しては出来るだけ正確を期したつもりであるが、もし誤りがあるとすれば、それはひとえに筆者の責任であり、文責は全て筆者にあることを申し添えます。

目次

1　基地問題

平成23年3月記

今日は。今回からこのコラムを担当させて頂くことになりました國安正昭と申します。最初ですので簡単に自己紹介をさせて頂きますと、私は数年前まで約40年間外務省に勤務し、特命全権大使を最後に退官した後、現在は外交評論家以外に幾つかの会社の顧問や各種法人、ＮＰＯ、任意団体の会長、理事長、評議員等を務めさせて頂いております。

私と自衛隊の皆様方との接点をいえば、40年にわたる外務省役人生活の中で、本省霞が関勤務の時は勿論のこと、在外日本国大使館勤務の際は、防衛駐在官として大使館に出向されていた多くの自衛官の方々と机を並べて一緒に仕事をさせて頂き、日本の防衛は我らが担うんだという強い決意のもとに仕事をされているのを目の当たりにし、感銘を受けると同時にいろいろな事を学ばせて頂きました。

国土防衛は単に軍事力だけで可能となるものではありません。外交、軍事、経済面での繋がり、文化交流等々さまざまな面での関係が一体となって初めて可能となることは論を俟《ま》ちませんが、そういった意味で、憲法第9条をめぐる諸論争、自衛隊の海外派遣問題、普天間基地、尖閣諸島、北方領土、北朝鮮問題等々の諸問題に対する皆様方のお考えを一度お尋ねしてみたい気がしています。

非常に限られた紙面ですので、今回は取りあえず普天間基地問題に絞って私の考えを述べさせて頂きます。我が国の防衛は残念ながら米国の協力なくしては完全に行い得ないのが現状で、そういった日米安保協力を大前提にすれば、やはり日本国内のどこかに米軍基地の存続を認めざるを得ないわけです。ただその基地の約75％が、日本国土の1％にも満たない一つの県に、しかも第二次世界大戦の際には日本のいわば防波堤として想像を絶する悲惨な目にあわれた沖縄に集中しているという現状は、それには歴史的背景があり、戦略的な意味合いもあるにせよ、誰が見ても「不条理」であり、単に沖縄の問題として片付けるのではなく、やはり日本全体の問題として、それこそ某前知事ではありませんが「どげんかせんといかん」問題だと思います。

ただこの米軍基地の問題も、普天間からその一部をどこかの他県に移せば全て解決といった単純な問題では決してないと思います。終戦後66年も経過した現在、そろそろ徹底的に見直す時期に来ているのではないでしょうか。もっと基本的な問題である自分達の国を自分達の力だけでは守りきれないという実態、これを看過したままで放置しておくのは大問題だと思います。こんなことで独立国家と言えるのでしょうか。ただそうは言っても現実は一気に解決出来る問題ではないのは十分承知してますが、今後どういう風に日米同盟を進めていくか、この際徹底的に議論し、実行に移す時期に来ているのではないでしょうか。これは反米でも何でもありません。日米相互の国益の為です。その為にはやはり過去の吉田、佐藤総理のような確固たる信念と強いリーダーシップを持った人を総理にいだく政権が我が国に誕生することが絶対に必要なのではないでしょうか。

その他の問題については次回以降追ってお話しさせて頂きます。

2　領土問題

平成23年4月記

今回は我が国が直面している領土問題を取り上げてみたいと思います。

領土問題というと誰でも思いつくのは、第二次世界大戦終戦時のドサクサにつけこんでロシア（当時はソ連）によって占領されたままになっている北方領土（北海道）、韓国に実効的支配されている竹島（島根県）、そして我が国が実効支配を行っていますが、最近になって中国が領有権を主張し始めた尖閣諸島（沖縄県）です。これら三国はそれぞれ自分勝手な理屈を言って、自分達の島だと主張していますが、我が国は一貫してこれらの島々は日本固有の領土であり、そもそもこれらの島々に領土問題は存在しないとの立場を取って来ていることはご承知の通りです。

我が国は陸地、つまり領土の面積でいえば世界で61番目という小さな国です。ただ海に囲まれた海洋国ですから、日本に認められた「排他的経済水域」と領海を足した「日本の海」は世界で6番目に広いと言われており、さらに海の深さを考慮に入れた海水の体積で言えば、周りには水深の深い海が多いこともあり、ある研究財団のデータによれば、「日本の海」は世界で4番目であると言われています。とはいえ、我々の活動の主体はやはり陸地ですから、面積の小さな国であることに間違いありません。

元々領土とはどうやって決められたのかというと、ヨーロッパの過去の歴史等をひもどいて頂ければすぐ分かることですが、いろいろな条約、協定等が根拠にはなっていますが、何回となく繰り返された戦争の結果によって、国境線も勝利国に有利なように決められて来た訳です。要は結局はその時々の国の力関係によって領土は決まってきたし、現在でもその事は基本的には何も変わっていないということです。条約、協定等の国際法なんて、その時々の力関係によってどうにでも変えられてしまう性格のものである事を忘れてはなりません。

国の力関係とは何も軍事力の事ばかりを指しているのではありません。以前からつくづく感じていることは、冒頭に申し上げたように、我が国は領土の狭い国ですから、領土の1㎝たりとも割譲出来るような国ではないにも拘わらず、領土問題に対する国民の意識が非常に希薄なのではないでしょうか。前述三島の問題にしても、国民が一枚岩となって毅然たる態度で対処していかないと、結局ずるずると外国に持っていかれてしまわれかねないことを、心から危惧している次第です。特に最近のロシア、中国の言動をみていますと、我が国政権基盤の脆弱さ、確たる戦略を必ずしも有していない事を見透かされている事等も相俟って、ますますその感を強くしている次第です。ただやっと最近になって領土問題を教科書にもっときちんと明記すべしとの議論が国会でも行われるようになって来たことは喜ばしい限りです。

それとの関連で、ここ数年、対馬の土地、特に防衛施設付近の土地が韓国人に買い占められ、また北海道でも中国人にと同様な事が起きているらしいですが、そのような事は防衛面のみならず、これからはますます重要視される水資源確保等の面からも非常に深刻な問題で、大至急外国人に対する土地購入規制の立法化をはかるべきだと思います。

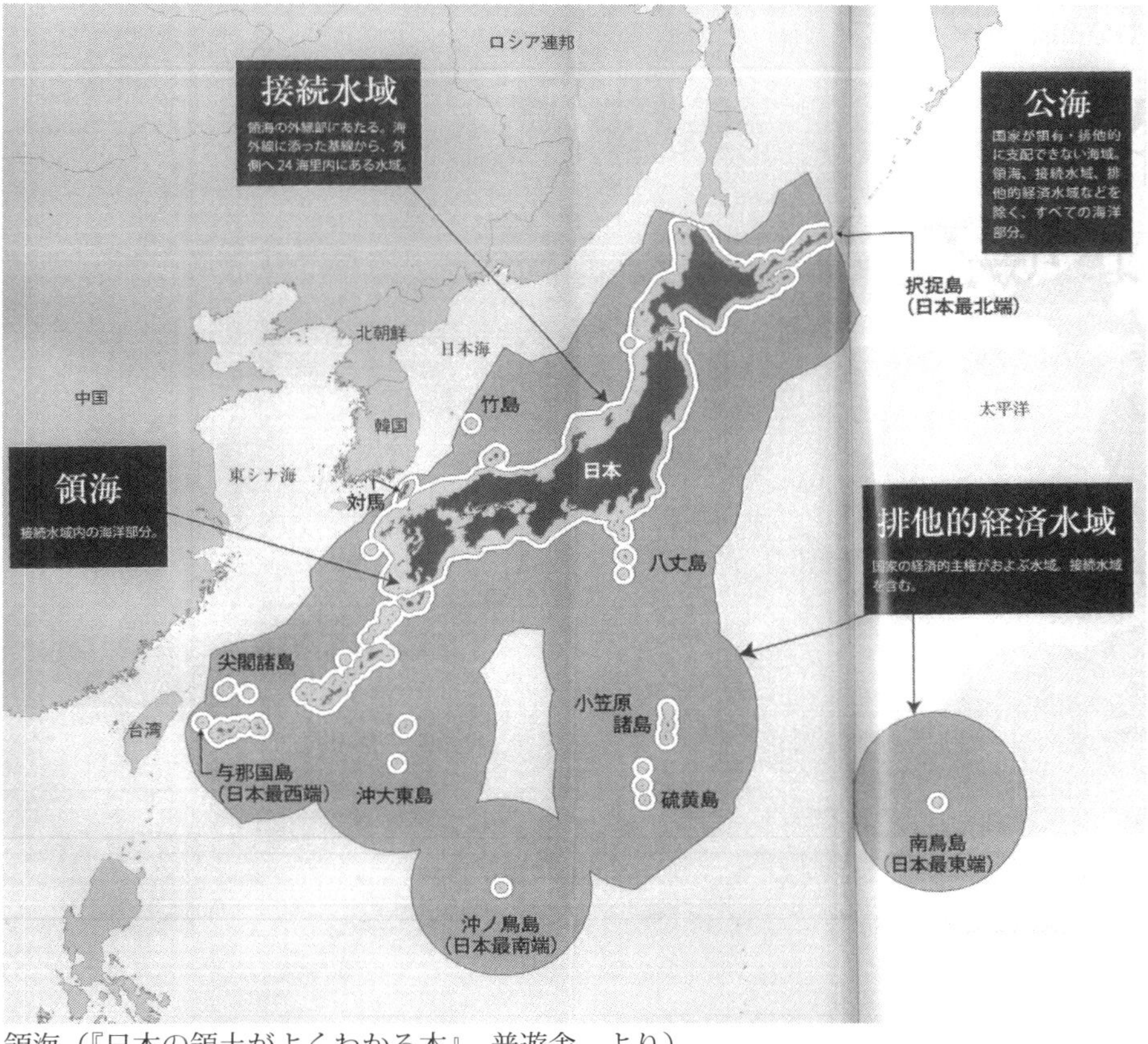

領海（『日本の領土がよくわかる本』　普遊舎　より）

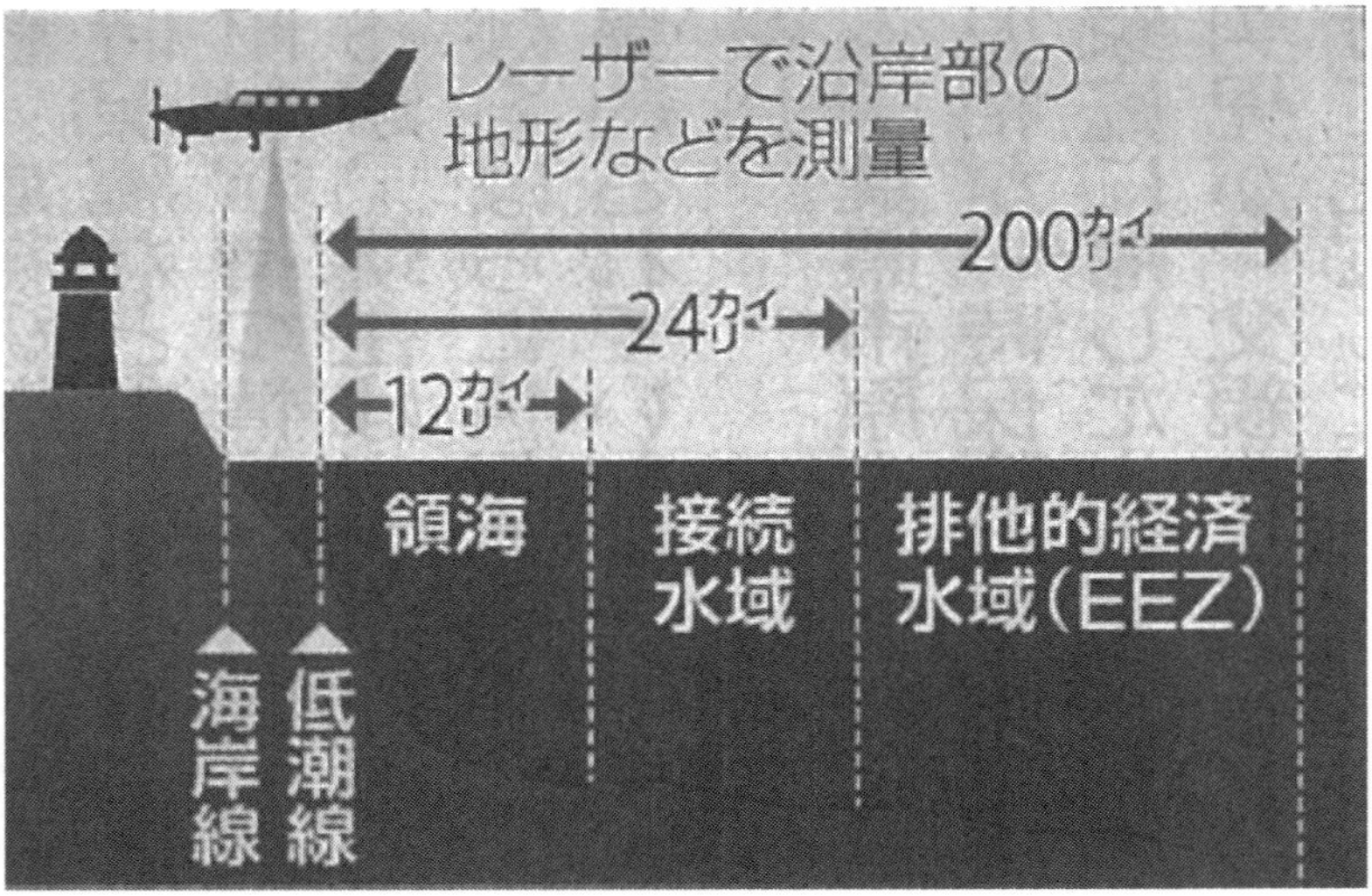

低潮線

最も海面が低くなる干潮時に陸地と海面の境界となる線。国連海洋法条約では、低潮線から12カイリの海域が領海、２００カイリの海域が排他的経済水域（ＥＥＺ）と定められている。

領海や排他的経済水域を定める低潮線の測量（読売新聞 2018・08・26 より）

3　自衛隊の存在意義

平成23年5月記

今この原稿を書いていますのは、去る3月11日に発生した東日本大震災から2カ月少々を経た5月末日ですが、地震にはそこそこ慣れている筈の日本人にとっても想像を絶する大惨事で、我が国観測史上最大級といわれる大地震に伴なって起きた大津波、そして福島原発事故。まるで戦場を思わせるような惨状で、被害に遭われた方々には衷心よりお悔やみ、お見舞いを申し上げます。

その間テレビ等を見ていて強く感じましたことは、「目に見えない危険は確かに怖いが、我々は最後の砦。行けと言われればどこでもなんとしてでも行く」と言って、二次災害、放射能、放射線被曝等の危険にさらされながらも、淡々と任務の遂行にあたっておられる、自衛隊、警察、東京消防庁、海上保安庁、東電等の各関係者、その他多くの方々の活躍を目の当たりにし、本当に頭の下がる思いです。ただその中にあっても、今回のような大規模災害が発生すると、問題解決には結局は大半を自衛隊の力に頼らざるを得ない現実を見るにつけ、我々日本人は、国防面では勿論のことですが、こういった災害の面でも自衛隊の存在意義をあらためて再確認したのではないでしょうか。感謝の念でいっぱいです。

ただ今回の大震災を振り返ってみますと、戦後我が国が直面した最大の国家危機と言っても過言ではない大惨事にも拘わらず、今回の大地震は、外国人からの献金問題とか予算が今年度中に国会を通らない等々の問題で行き詰まっていた菅政権に対し自然が与えた恵みであり、政権浮揚の為これを利用せんとした言動が当初は残念ながら見られた事は事実ですが、流石災害規模の大きさが段々と判明してくるにつれそれどころでは無くなって来ました。

今回の大震災には約10万人規模で自衛隊員に加え予備自衛官までが招集、動員されたと伺っています。ドサクサにつけこんで侵略してくる性癖?のある危険極まりない2、3の国を隣国にかかえる我が国にとって、国情が渾沌としている中、被災者支援、復旧活動は勿論大切ですが、実員23万人そこそこの自衛官のうち、こんなに多くの自衛隊員を東北関東の一カ所に一度に召集して、自衛隊の本来の任務たる我が国の安全は大丈夫なのかなと真面目に危惧しましたが、今のところ何もなくほっとしています（もっともその間、攻撃が目的でなく、自衛隊がどれだけ素早く対応するかの偵察が目的だったのでしょうが、現にロシアの戦闘機が数回にわたり日本海の防衛識別圏に飛来して来ていますが…）。私は従来から警察もそうですが、特に自衛隊に関していえば、絶対に要員不足なのではと危惧している次第です。それにも拘わらず、先の新防衛大綱作成にあたっては、防衛省の反対を押し切って陸上自衛隊の定員が削減されたみたいですが、どうしてこういう事が起きるのでしょうか。「一番でなくてはいけないのでしょうか。一番では駄目なのでしょうか」といった何でも予算を削ればいいといった短絡的な発想で政治、特に国防問題を扱ってもらっては、単に困るといった問題ではなく、国家を滅ぼしてしまいます。勿論財源不足ですから不要な予算は削減しなくてはなりませんが、何が不要で何が必要な予算なのかは、ずっと野党で現状を必ずしもよくご存じない方が多い現与党の政治家だけで判断することなく、いろいろな方面からの意見を十分斟酌のうえ結論を出して頂きたいものです。まず国の安全が保たれてこそはじめて経済の繁栄とかいった問題が論じられることを夢忘れてはなりません。

それと原発事故についてですが、原子炉の安全対策は勿論4重、5重に講じられてはいたのでしょうが、大事故が生じてしまいました。原子力発電所は地震大国たる我が国が今後も推し進めるべきプロジェクトなのでしょうか。私は広島と長崎に投下された原爆の被爆者（その二世、三世も含む）の人体に対し、放射線がどのような影響を及ぼすかを調査研究する目的で戦後設立された日米共同調査研究機関たる（財）放射線影響研究所の日本側理事を10年近く務めていることもあり、放射能、放射線の怖ろしさはよく分かっているつもりです。今回の地震、津波は全く「想定外」の規模であったということだけで片付けられる問題ではありません。原子炉の安全管理につき、経産省原子力安全・保安院が監督はしているのでしょうが、実際は民間企業に任せていること自体が大問題です。そして最近は忘れがちになっていたエネルギー安全保障問題をここであらためて総合的に再検討するいい機会だと思います。つまりこれからは温暖化対策とは相容れない面はありますが、電力源を原発にあまり依存することなく、米国、ドイツ並に石炭等化石燃料による火力発電所の再稼働、増設に方向を転換すべきだと思います。

日本国民はとやかく言われるような弱い国民では絶対にありません。その証を一つになって今こそ全世界に見せようではありませんか。頑張れ日本！

4　宇宙の神秘

平成23年夏記

未曾有の規模の地震（相次ぐ余震）、大津波、原発事故。日本も遂にこれで終わりかと思いたくなるような毎日でしたが、今後の地震、津波、原発対策、被災地の復旧対策等々多くの課題を残しつつも、皆んなの強い意志、絆で何とか克服出来そうです。

それにしてもつくづく思うことは「自然」の力の大きさです。ですが我々は簡単に「自然」「自然」と言いますが、その自然とは一体何であるかゆっくり考えてみた人が何人いらっしゃるでしょうか。いきなり私事にわたる話で恐縮ですが、私は山口県の瀬戸内海にある周防大島という島で育ち、高校卒業までその島に居ました。進学校でもなんでもない高校ですから、その高校から東大に入るなんて夢物語でしたが、東京あたりの進学校の生徒と超田舎の名もない高校の生徒の頭脳の間にそんなに差があるものだろうかと思い、とにかく受験勉強をやってみようということで、高校２年あたりから、今私が偶々有しています事務所の近くにある旺文社発行の受験書等には大変お世話になりながらそれなりの勉強を始めました。ところがその受験書等を読んでいる途中、ふと頭に浮かんで来ていたことは、宇宙とは一体何なのか、どのようにして始まったのか、これからどうなるのか、太陽、水星、火星など星の向こうには数え切れない夥しい数の銀河団があるとか言われていますけど（余談ですが先日、日本の有人最南端の島、波留間島を訪れましたが、その夜は幸いなことに、一年に何回あるかないかと言われるくらいの快晴で、南十字星、北斗七星、さそり座等々夥しい数の星からなる星空をこの目ではっきりと観測することが出来ましたが、その素晴らしい夜空に感激すると同時に、宇宙の不可思議、神秘さをあらためて認識した次第です）、どこまで行けば終点に辿り着けるのか、例え辿り着けたとしても、その彼方には何が存在しているのか。我々が住んでいる地球は約45億年前に誕生したとか言われていますが、その誕生以前はどういう状態だったのか、この世は一体いつ始まったのか、我々人類を含む動物、そして植物もこの世に生を得たとたんいつかは必ず死んでいくけど、どうしてだろう等々分からないことだらけで、頭はそちらの方だけに行っていて、開いていた受験書のページは2時間経っても同じページということが何回も繰り返しありました。

そして何かこれらの疑問に回答を与えてくれるものはないものかと、いろいろな偉い方の話を聞いたり、いわゆる新興宗教の講習会などにも何回となく出席しました。大した高校でもないうえに、受験とは全く無関係なこんなことに多くの時間を割いていたら、大学に受かるものも受からなくなってしまいますよね。ものの見事に最初の受験には失敗しました。

ただその間感じたことは、前記の宇宙とか時間に対する疑問、いろいろ答えて下さる人もいましたけど、全てとまでは言わないまでもその答えは、もしこうだったらこうなるというほとんど仮説に立った答えであり、「もし、もし」無しで果たして人間が答えうる話なのだろうか。ひょっとして人間の解決能力の限界を超えている世界がこの世には存在しているのではなかろうかと思うようになりました。ただ私などは下衆な人間なものですから、当時それ以上深く追究することもなく、そんな能力を超えている問題をくよくよ考えている時間があるのなら、思考停止してもっと現実的な事に時間を割こうと思い始め、まあずるくその場から逃げ出してしまいました。ただ逃げ出してみると急に気が楽になり、なんとか今日に至っています。お陰様で？翌年には無事東大に合格しました。

先日久しぶりにこういった問題をちょっと再び考えてみようかと思い立ち、何十万部も売れたと言われている『宇宙は何でできているのか』（幻冬舎新書）という本をかなりの期待感を持って読ませて頂きました。著者は著名な東大の先生で、最初のあたりは私みたいな素人にも分かったような気がしていたのですが、そのうち、暗黒物質、消えた反物質、暗黒エネルギー等々と言われるようになると急になんだかよく分からなくなり、結局はその先生が結論づけておられるやに見受けられる「宇宙がどのように始まったのか、宇宙はこれからどうなっていくのか等々、残念ながらこれらの疑問にはまだはっきりと答えが出ていません」ということなのかとお見受けしました。ただ私としては、別に先生に反論するといった恐れ多いことが出来る能力がある訳でもありませんが、ご無礼を承知で、また間違っていることを恐れず敢えて申し述べさせて頂ければ、先生は、これらの疑問は時間が経てばいずれかの日には人間の英知、科学の力で必ず答えが得られるという前提に立っておられるみたいですが、果たしてそうなのだろうか、まだの話なのではないのではないかとの疑念を未だに有しています。やはり哲学、宗教、仮説などといった別次元の概念を持ち込まない限り、こういった疑問に対する答えは得られないのではないかと、再び素人なりに考えるようになって来ている昨今です。

5　情報収集活動の重要性

平成23年冬記

今回はいわゆる情報収集にまつわる話をしてみたいと思います。映画『００７』ではありませんが、情報収集の重要さはなにも私の古巣である外務省に限った話ではありません。役所で言えば外務省の他に、防衛省、警察庁、公安調査庁、財務省、経産省等々多くの役所がそれぞれの目的の為に日夜情報収集に努力していますが、民間でもその規模の大小はあるにせよ、いろいろな交渉事をより有利に進める為に、多くの会社が交渉相手方の腹を探るべくいろいろな手を使って情報収集活動を行っている訳です。

ただ今回は私の外務省での長年の経験の中でいろいろと感じたことを率直に述べてみたいと思います。我が国が多大の関心を有している当該外国の政治、経済情勢の実態はいかなる状態にあるのか、またその国と外交交渉を行う場合、相手国の真意は那辺にあるのか、いろいろ声高に主張してはいるが最後はどこまで譲歩する気があるのか等々のことが事前に判っていれば、こんなに楽な外交はありません。分かりやすく例えば北朝鮮を例にあげれば、金正日総書記の健康状態、また後継者は三男の金正恩で本決まりなのか、核問題、我が国との絡みで言えば拉致問題等に対し北朝鮮がどういう戦略を有し、どこまで譲歩する気があるのかといった点が極秘裡に事前に判っておれば、我が国にとってこんなにやさしい外交交渉はない訳です。そういった情報を入手すべく戦前は我が国は外務省、軍等がいわゆる莫大な機密費を使ってスパイを泳がせ、いろいろな情報を入手していたのです。

ところが戦後はよく言えば民主化されたとでも言うのでしょうが、国家にはそういった金（巷で言われている機密費というのは俗称で、正式には報償費と言いますが）は一応あり、外務省、内閣官房、防衛省、警察庁などに億単位で予算に計上されてはいますが、絶対額としては大したことはないうえに、建前は領収書なしで使っていいことにはなっているものの、実態は公表は原則求められないにしても、内閣官房報償費等の場合はちょっと異なるようですが、お金を受け取った人からサイン入り領収書をもらうことが原則求められています。これこそが大問題だと思うのです。新聞のコラム記事とか学者の説等のように、必ずしも当事者から直接入手したものではなく、憶測の域を出ない情報であればいざ知らず、喋ったことがばれたらこの世から抹殺されかねないような超国家機密情報を、わざわざ領収書にサインして漏らすような頓馬な人間がこの世に存在するでしょうか。真実はただ一つです。金正日から直にないしはその側近中の側近から直接入手した情報にこそ価値がある訳です。

ではこの真の国家機密を入手するにはどうしたらいいか。外国にはＣＩＡ（米国）、ＦＳＢ（旧ＫＧＢ）（ロシア）、ＫＣＩＡ（韓国）など有名かつ強力な諜報機関がありますが、残念ながら我が国にはそういった機関は現在存在しません。普通は各国に置かれている我が国大使館が中心となって、いろいろな情報機関、人脈等を使って情報収集を行っている訳です。我が在外大使館には、外務省員は勿論ですが、その他に防衛省、警察庁、財務省、経産省等々いろいろな省庁から出向の形で大使館員として勤務してもらっていますが、これらの館員が日夜いろいろなルート、チャネルを使って情報収集を行っています。ただこれらの館員は長くても３、４年で転勤する訳ですから、いくら一生懸命頑張ってみても、相手国要人と「竹馬の友」みたいな関係になるのは甚だ困難であり、情報収集にはその点では限界があるのは仕方ない訳です。

ではどうするか。一見無駄遣いに見えるかもしれませんが、相手国の中枢中の中枢にいる人物に何とかして近づき、最初はさりげなく食事などに誘い、少々親しくなったところで、帰り際にこれまたさりげなく現金を渡す。勿論領収書なんて要らない金で、しかも相当額の金をうまく受け取らせるのです。一度受け取ればしめたもので、次から次へと繰り返し、ある時点からそれをネタに情報提供を要求するという筋書きです。人間はほとんど例外なく誰でもお金（カネ）に弱い性（サガ）を有しています。そこまで行くと、何か超国家機密の一つ位しゃべってやらないと悪いかなと思い始めるものです。食糧難の終戦直後ならいざ知らず、豊饒の今日、神戸ビーフ、超高級なフランスワインで接待したくらいで超国家機密を漏らすような人間はまず存在しません。勿論お金を使ったからといってこちらが望むような情報が必ず取れるという保証がある訳ではなく、あるいは空振りに終わるかもしれません。でもその場合は仕方ないです。これは決して税金の無駄遣いと非難されるような性格のものではなく、国益を守るという大きな目的に照らしてみれば、これ位国家の総予算額に比しても大した額ではなく、またこれ位の事はしなければ正直言って目的は達成されません。残念ながら今の日本では、こういった相当額のお金を自由に使えるような制度にはなっていません。お金で全てが解決だなんて短絡的な事を言うつもりは毛頭ありませんが、領収書の要らない報償費制度の強化、資源なんて何もない我が国です、もっと真剣に考えてみるべき問題だと思います。

6　立川談志師匠の思い出

平成24年春記

昨年は3月11日の東日本大震災、福島の原発事故を始めとして、天災、人災いろいろなことが我が国では起きましたが、日本民族の誇りである「絆」を合言葉に、徐々にではありますが回復を見せているのは喜びに堪えません。今年はいい年であることを心より祈念するものです。

それと昨年はいろいろな著名な方々が天国に旅立っていかれましたが、その一人に11月21日に亡くなった落語界の天才異端児、立川談志師匠がいます。今回は読者の方々のお許しを得て、本コラムの表題とはかなり趣を異にしますが、談志師匠に纏わる生前の思い出について語ってみたいと思います。

師匠については亡くなられてからというもの、連日のようにテレビ、新聞、雑誌、週刊誌などで特集が組まれ、いろいろな方が思い出を語っておられますが、それを伺う度に師匠の偉大さをあらためて実感しているところです。ただわずかな例外を除いては、当然と言えば当然ですが、いわば同業の落語界、芸能界の方々からの惜別の辞がほとんどで、私みたいに役人という、全く生活環境を異にする門外漢からの話はあまり見当たらないものですから、こういう幅の広い付き合いも師匠はしていたのだという事を知って頂くためにも、敢えて筆を取らせて頂きました。

私が師匠と知り合ったのは、今を遡ること30年以上も前だったと思いますが、ある方からの紹介で一緒に一杯やったのが始まりです。師匠は私より2歳年長なのですが、何となく馬が合ったというのでしょうか、まず師匠行きつけの銀座のバー「美弥」で落ち合い、そこからいろいろな所に出陣するのが常でしたが、まあお互い言いたい事を言い合って来ました。師匠、最後には酩酊してしまうものですから、体格のしっかりした少林寺拳法の達人で師匠の根津にあるお宅の近所に住んでいた私の友人を大抵の場合呼び出し、後は家まで師匠をよろしくと、彼に任せて私は家路についたものです。「生意気」「天衣無縫」「毒舌」、これらが師匠について回る言葉ですが、確かに口は悪いけれど根は気配りに満ちたやさしい人で（ちなみに、先般芥川賞を受賞した田中慎弥さん、私と同じ山口県の出身ですが、彼の記者会見の様子、石原都知事とのバトル等を見ていると、師匠そっくりで、生前の師匠を彷彿させるものがありました)、その上本当に頭が切れ、師匠の会話にはついていけないこともたびたびでした。これはあまり知られていない事かと思いますが、落語だけでなく、映画、ジャズにも大変造詣が深く、この二つを語り始めれば夜明けまでという感じでした。

それから確か62か63だったと思いますが、師匠はその歳になったらこの世に区切りをつけるんだとか言ってたものですから、その歳になっても平気で一杯やっている師匠にある日、「師匠、その歳になったらさっさと消えるのではなかったのかなあ」と言いましたら、「ちょっと気が変わってね」とかなんとかとぼけた顔をしていました。

またこれはよく知られている話ですが、生前に既に「立川雲黒斎家元勝手居士」という自分の戒名を作っていて、これなど「タテカワ　ウンコクサイ……」と読めば何ら変哲のない戒名ですが、「タテカワ　ウンコ　クサイ……」と区切って読めば、かなり尾籠《びろう》な話になり、本人がどこまで意識していたかはよく知りませんが、まあ師匠らしいいい意味でふざけた面を戒名にまで持ち込んだのでしょう。(これは余談ですが、昔「NOCHE CUBANA」というラテン音楽の楽団がありましたが、これはスペイン語で「ノーチェ　クバーナ」と発音し、「キューバの夜」という意味ですが、スペイン語をよく理解していないのでしょう、ＮＨＫのアナウンサーですら発音の区切り場所を間違えて、「ノーチェック　バーナ（燃焼器）」と発音するものですから、最初聞いたときは「バーナをチェックしない？」という意味かと思いましたが、どこで発音を区切るかというのは難しいものです）。

また私が大使館勤務の為、海外に赴任すると大抵「冥土の土産に、遊びに行っていいか」と言うものですから、「勿論どうぞ」ということで、例えば私が大使をやっていたスリランカ、ヴェネズエラにもやって来ました。ただ来ること自体何ら問題ないのですが、師匠の場合まず一人で来る訳ではなく、弟子だとかいろいろ諸々のお供がたくさんついて来て、しかも飛行機代、ホテル代等々の諸経費は全部私が調達することが前提の話であり、それはスポンサー探しが大変でした。この点ＮＨＫさんには放送番組に組み込んで頂いたりして、大変お世話になりました。飛行機と言えば、機中で出される食べ物を残した場合、絶対に捨てないでビニールかなんかに包んで持ち帰り、冷蔵庫の残り物なんかと一緒に鍋に入れて煮込み、師匠曰く「談志おじや」を作っていましたが、一緒に食べさせられる方はたまったものではありませんでした。

そろそろ紙面が無くなってきましたが、最後に一つだけ是非とも語っておきたいことがあります。師匠は真打ち制度をめぐって、落語協会の柳家小さん会長（当時）らと対立し、協会を脱退。そして自ら家元を名乗って立川流を立ち上げたことはよく知られていますが、小さん師匠と仲たがいした理由が本当に巷でよく言われるような真打ち制度のあり方だけだったのだろうか、とずっと思っていました。と言いますのも、私はたまたま小さん師匠にも大変可愛がられていたものですから、二人がいつまでも仲たがいしたままでは、単に二人個人の問題ではなく、落語界全体にとっても大変な損失であろうと、今思い出すと随分大それた事をしたものだと赤面してしまいますが、お二人に仲直りしてもらおうと考え、それぞれそれとなく話しかけてみました。多分お互い仲直りしたいというのが本心だったような気がしますが（現に、小さん師匠が亡くなられた時には、月刊誌「文芸春秋」だったと記憶していますが、談志師匠は温かい追悼文を寄せていました）、「あいつが、いや師匠が先に頭を下げれば俺はいい」とお互い言うばかりで、どちらも先に頭を下げることなく天国へ行ってしまいました。多分今は俗念もなくなり、天国で仲良くしているのではと思っています。談志師匠から私が得た感触では、やはり真打ち制度だけが仲たがいの理由ではなく、もっと何か他人には言いにくい個人的な理由もあったような感じでした。

その他いろいろな思い出があるのですが、紙面に限りがあるので主だったものしか語れませんで、このあたりで止めざるを得ないのは誠に残念ですが、また何か機会があればその時にでもと思っています。

最後になりましたが、小さん、談志両師匠のご冥福を心より祈念しております。

7　私の履歴書（前編）
東大、外務省

平成24年5月記

◆生い立ち

私は昭和13年大阪市で生まれました。何故我が郷里、瀬戸内海に浮かぶ周防大島（山口県）ではなく大阪市かというと、父が東芝系の会社に勤めていて、私が生まれたとき偶々大阪勤務だったということらしい。

その後父は東京勤務となり、昭和19年、大森区（当時）久が原小学校に入学。ただ入学してすぐに父が赤紙、つまり徴兵令状により軍隊に応召されたため、母と6歳違いの妹と3人で両親の生まれ故郷周防大島に、ぶら下がり、鮨詰め列車でやっとの思いで疎開し、そこの安下庄小学校に転学。その後安下庄高校を卒業するまで、ずっと大島に住んでいた。

ちなみにその間、父は出征先の中国で戦病死したとのことであったけど、戦死公

海から見た母校安下庄高校

報が遺骨と共に届けられたのは、終戦から3年も経てからであった。
　芸は身を助けるというけど、母はたまたま教員免許を有していたため小学校の教員に採用され、一方では百姓もしながら女手一つで我が家の家計を支えてくれた。学校からの帰りが遅くなることが多いものだから、夕食の準備をするのは大抵私の係であった。私の戸籍上の名前は「正昭」だけど、小さい頃身体が弱かったらしく、母は誰か占い師みたいな人に改名したらと言われたらしく、いつの間にか私の名前は佐恵時（さえじ）となり、そう呼んでくれていた人の大部分の方は既に亡くなっているけど、私のまわりでの呼び名は「さえちゃん」

で、正昭という本名を知っている人はあまりいなかった。

現に中学時代の卒業者名簿を見ると、國安佐恵時なる名前は出て来るけど、國安正昭なる名前はどこにも見当たらないという、まことに大らかな時代であった。後述しますが、一浪の後東大に合格した際も、新聞の東大合格者名欄に國安正昭なる名前はあっても、國安佐恵時なる名前は無いものだから、まわりの人達は「さえちゃん」はまた東大落ちたんだと勘違いし、母に私の大学受験の事を話題にするのは意図的に避けていたそうな。

◆大学受験

さて高校を卒業するにあたり、どこの大学を

同郷の演歌作詞家　星野哲郎と

受験するかが大問題。私は身分不相応かなとは内心思いつつも、東大を目指してやろうという気持ちでいたけど、母をはじめまわりの人達は異口同音に、お前なんか東大なんて無理だから、もっと入りやすいところにしろと。あまりそう言われると、いわゆる進学校の連中と自分との間に、頭脳でそんなに生まれつき差があるものなのかなあ、と逆に持ち前の反骨精神がむらむらと湧いて来て、まあそれなりの勝算が自分の中に無かった訳ではないけど、とにかくやってみようということになり受験。だけど結果は残念ながら不合格。ただ、合格しなかった理由は自分なりに分っていた。現在の受験科目はどうなっているか知らないけど、当時は理科系受験科目なら、物理、化学、生物の3科目から2科目を選択しなければならず、どうせド田舎の高校からの受験だから、暗記的要素の強い生物を避け、ばくちを承知でゼロもあるけど100点も有りうる物理と化学を選択した。ただ物理につき問題の意味を勘違いし、その勘違いしていることに気づいたのが、試験時間終了間際という大チョンボ。多分物理はゼロに近い点数だったでしょう。

そこでどうするか。受験の場馴れと、滑り止めに東大以外にいくつか受験しておいたけど、東大以外は全て合格していた。現在も同じ状況でしょうが、当時は1年

東大赤門

位浪人するのは当たり前だったけど、母にしてみれば、お前みたいな奴が東大なんかに入れる訳がないんだから、もうおとなしくして、どこか他の大学へ行けと強く主張。そうこうしているうちに、私の全く知らない間に某私立大学に入学金を母は支払ってしまった。

女手一つで育ててくれた母親に浪人なんかしてこれ以上お金の心配をさせては申し訳ないという気持ちもあり、仕方なくその大学に一応通っていた。だけど、当時私が住んでいた山口県防長教育会経営の磨心寮という学生寮が井の頭線の終点駅吉祥寺にあったことから、否応なしに井の頭線の東大前駅（現在は東大前駅と駒場駅が一つに

東大安田講堂

なり駒場東大前駅となっているが）を通ることが多く、楽しそうに大学構内で談笑している東大生を見るとどうも納得がいかなかった。そして当時赤門会といったと思うけど、不合格者に対し、おまえの成績はどの程度であったかを確かAからE位にランク付けして教えてくれるところがあったが、そこからしばらくしておまえはAランクであるとの連絡が届いた。私も後で外交官試験委員を数回した経験があるけれど、合格、不合格のボーダーラインにいる連中の点数はゴルフのスコアと同じで、1点差で天国か地獄行きかが決まる。多分私の場合もほんの数点の差で不合格になったのでしょう。

そこでそれならばと急遽大学へ通うのは止め、某予備校に通い始めたが、すぐ母にばれるところとなり、急遽帰郷し説得。その結果1年限りという条件付きで、東大再受験をやっと認めてもらい、翌年はなんとか合格した次第。

◆外交官生活

大学の次は就職。私が卒業したのは昭和37年。就活期たる前年の36年は、終焉には近かったけど、まだいわゆる岩戸景気の時代で、自分で言うのも憚られるけど、どこの大手企業に面接に行っても大抵どこも採用してくれるという、売り手市場の就職戦線で、本当にいい時代だった。現に10社位採用内定通知を貰っていた。

そうこうしているうちに大学3年の終わり頃、3月に同級生達と蔵王にスキーに行った。夜になると、みんなが酒を飲んだり、マージャンをやっている中でただ一人だけ六法全書みたいな難しそうな書物を引っ張り出して勉強している輩がいた。何してんだと聞くと、俺は外交官試験を受けるんだという。確かによく考えてみると、このまま大過なく大学を卒業、就職し、会社で将棋の駒の如く使われて一生終わるのもつまんないなあと思い直し、こいつが受かるのなら、俺だって外交官試験位受かるんではないかと思い始めた。当時は東大生、樺美智子さんの圧死に象徴される日米安保条約改定闘争の真っ只中で、外交の重要性についての認識が無かった訳ではないけど、正直言って恥ずかしながら、日本の外交を一手に担ってやろうといった大それた野心がその時あった訳では必ずしもなかった。

蔵王から帰ってからは、本郷の東大図書館に朝から晩まで缶詰めで猛勉強。その甲斐あってか、高校を卒業して上京するまでは外国人なんて誰一人として見たことも無かった超田舎者が外国人相手の職業、外交官生活を送るはめとなった。

信任状捧呈式（ポルトガル）

8　私の履歴書（中編）
フィリピン市民革命

平成24年夏記

外務省に入省したのが昭和37年。その後平成13年退官するまで約40年。アフリカを除いて世界中ほとんどの国を訪れているけど、赴任勤務した国は、スペイン、米国、アルゼンチン、ソ連、フィリピン、スリランカ、ポルトガル、ウェネズエラの８カ国。こう申し上げると40年間外国生活ばかりをしていたように思われるかもしれないが、実際は半分以上霞ヶ関の外務省本省勤務。皆さんによく聞かれるのは、どこの国、どのポストが一番面白かったですか。まあみんなそれぞれやり甲斐があって、特定の国、ポストを特記するのは困難だけど、敢えて特記すれば、国内では経済協力第一課長時代に、中国に対する経済協力（ＯＤＡ）に関わったことと、海外ではフィリピン時代でしょうか。

フジモリ大統領

◆対中国経済協力

　昭和54年に当時の大平総理が初めて中国に対し円借款供与を表明されたが、そのフォローアップとでもいいますか、私は昭和56年初頭からその担当課長をつとめた。当時の中国はまだまだ閉ざされた国で、そんな閉ざされた国、ましてや共産主義国家に何故日本が援助なんかしなければいけないのか、と国会などに呼び出されて詰問された。これに対して私たちは、（現在の北朝鮮を見ても分かるように）閉ざされた国くらい何をしでかすか分からず危険なものはない。共産主義という閉ざされたドアを開かせ、中国を我々資本主義陣営に引き込まねばならない。その為には中国の経済レベル向上に僅かばかりとはいえ貢献することだ。これが当時の合言葉だった。北京、上海などに何回となく出張して、中国政府関係者と議論を重ねた。円借款そのものではないけど、日本からの経済協力により、昭和60年には上海の宝山製鉄所第一高炉の火入れ式が行われたが、これなんか当時貧しかった中国政府の大きな政治決断もさることながら、それ以上に高く評価されて然るべきと思われるのは、技術流出を覚悟のうえ、将来のライバルを育て、中国経済を離陸させ、中国が貧困から脱して経済成長すれば世界の平和につながるとした、当時の長期的な国益重視の日本政府の政策、そしてそれに快く協力し会社の利益より国益を優先して頂いた㈱新日鉄の英断ではなかろうか。ただ、現在では中国の経済力の方が日本より遥か上になってしまい、こちらが援助して貰いたい位で、我が国としてももっと何とかしなければとの思いで一杯。当然のことながら中国に対する新規円借款は平成20年をもって終了させた。

◆マルコス政権、若王子事件

海外、つまり大使館勤務で一番思い出の深い時代といえば、やはり昭和58年から

イメルダ夫人と

62年にかけて勤務したフィリピン時代でしょうか。

この約4年間の勤務中にいろいろな事が起き、いい経験をさせてもらいましたが、その一つは昭和61年2月に起きた、いわゆる「フィリピン市民革命」の現場に立ち会う事が出来ただけでなく、その革命を無血で達成させることに微力ながら貢献出来たことです（詳細は拙書『フィリピン市民革命の真相』日本地域社会研究所）。この市民革命は当時20年間続いたマルコス政権を無血で倒し、民主主義を市民の力で勝ち取ったとして高く評価されている事件です。マルコス政権時代、私は、革命後マラカニアン宮殿に3千足の靴を残していたとかいわれて有名になったイメルダ夫人と、何か変な仲ではないかと揶揄された位大変仲良くさせてもらい、今でもフィリピンに行く度にお会いしています。

何故そんなに仲良くしていたかというと、当時フィリピンはマルコス大統領の独裁国家で、政府の中で何が起きているかを知るには、大統領に直接コンタクトする以外方途はないのだが、大統領は病弱であまり表に出てこない。そこで当時大統領にズケズケものが言え、内情をよく知る唯一の人間がイメルダ夫人だったので、イメルダ夫人から情報を取る以外方途はなかった。まあお互い相性もよかったのでしょうが、マラカニアン宮殿内の彼女の専用電話番号を教えてもらったりして、いろいろな正確な極秘情報を得ることが出来、本当に助かったものです。勿論一方的に情報をもらっていた訳ではなく、食事会等彼女からのお誘いには出来るだけ都合をつけるようにすると同時に、彼女のお気に入りの寿司屋で何回もご馳走したり、大好物のリンゴ(リンゴは彼女に限らずフィリピンみたいな暑い国では貴重な果物)をわざわざ日本から取り寄せ、贈ったりと私としても出来る限りの事はしたつもりです。

もう一つの事件は、市民革命の９カ月後に発生した、三井物産の若王子支店長誘拐事件。この事件については、平成18年11月、事件発生後20年が経ったということもあり、「週刊新潮」で2週連続特集記事として取り上げて貰いました。当時私は大使館のナンバー2、公使であると同時に、在留邦人保護などを任務とするマニラ総領事であったこともあり、個人的にも非常に親しくさせて頂いていた若王子信行さんを何としてでも無事救出しなければと、解放に向けて陣頭指揮を取らせて頂いた。国家公務員法では、「公務員は職務上知ることの出来た秘密を洩らしてはならず、その職を退いた後といえども同様とする」とされており、立場上、特集記事の中でも事件の内容につきどこまで喋っていいのか正直言ってかなり迷いましたが、ぎりぎりのところまでは申し上げたつもりです。若王子さん、137日も本当によく頑張ったと思います。救出にあたっては私自身にもいろいろ身に危険な場合があり、(勿論合法的にですが)身の安全の為ピストルを携行していたこともありました。ただ残念なことに、若王子さん、この事件が直接影響したかどうか分かりませんが、解放から2年足らずして病気で亡くなられてしまいました。

◆その他

当時日本には大きな国際機関の本部は全くなかったものですから、何か一つ位本部を日本に誘致しろとの当時の日本政府の大号令のもとで作られた東京青山にある国連大学は、実質的には私（当時日本国連代表部一等書記官）と明石康さん（当時国連事務次長）とのコンビで設立、誘致したようなものですし、フジモリ元ペルー大統領との交遊、ＫＧＢ支配下の旧ソ連での窮屈ではあるも他面面白かった生活、今後の日本外交は如何にあるべきか等々まだまだ申し上げたいことは山ほどありますが、紙面に限りがありますのでこのあたりで止めておきます。

9　私の履歴書（後編）
母の思い出

平成24年冬記

◆政治家への道

外交官生活は結局40年間に及びました。その間勿論外務省役人としてやるべき事はちゃんとやりましたが、外交官を辞めて政治家の道に行こうかなと何度も考えました。特に昨今よく言われている政治主導、脱官僚。言葉としては聞こえはいいけど、政治家にとってみれば、役人なんて下僕か将棋の歩みたいな存在でしかないということなのでしょう。私も役人をしていて、どうして役人は政治家からそんなひどい扱いを受けねばならないのかと、いつも自問自答していました。（自民党時代とは異なり、民主党政権下では国会における答弁は原則役人ではなく、大臣、副大臣、政務官といった各省に任命された政治家が行うことにしているみたいで、質疑応答方式はちょっと以前とは趣を異にしてはいますが）国会の予算委員会等での質問者たる野党議員と答弁者たる各省局長クラス連中とのやり取りを見て頂ければ、私の言わんとしていることがお分かり頂けると思います。たまたま直近の親族の中に国会議員がいたことも少々影響したかも知れませんが、それなら私自身が政治家になってやろうではないかといつしか思うようになりました。ただ選挙というものは入学試験等とは異なり、自分一人の力ではいかんともし難く、多くの方のご指導ご協力が必要であり、現にいろいろ協力して頂きました。と同時にいろいろな人に裏切られもしました。国政、知事などいろいろ話がありましたが、結局その目的を達成することなく、役人生活を全うすることになりました。役所という所は何か役所以外の道に進むことを考えているのではないかという事が分かると、本職に全力で専念していないのではないかとあらぬ疑念を持たれてしまい、私も余計なことを考えずにひたすら外交のみに専念していれば、あるいはもっと自分の希望に沿った別のキャリアを送れたかも知れず、何となく消化不良な外交官生活だったなあというのが偽らざる現在の心境です。

まあともあれ政治家への道に最後の踏ん切りがつかなかったのは、ひとえに私自身の不徳の致すところに尽きるのですが、最初政治家になりたいと今は亡き母に相談したところ、母から強烈に反対されました。母にしてみれば、政治家というのはみんな金に汚く、悪の権化であると心から思い込んでおり、だから頼むからそんな者にならないでくれ、ということだった。これに対し私から、政治家の中にはそういう人もいるだろうけど、大半はそうではない。やはり日本をよくするには、役人も大切だけど限界がある。と自分の役人生活の経験も交え説得に努めたけど、最後まで納得して貰えなかった。他にもいろいろ要因はありますが、最後まで踏ん切れなかったのは、やはりこの母の強い反対が最大の要因だったのかなあと今になって思い返しています。

それにしても最近の政治家どうしたものですかねえ。昔の政治家、特に総理、大臣になるような人は、私が当時年齢的に若輩者で歳の差がかなりあったことも影響しているとは思いますが、何となく近づきがたい雰囲気を漂わせていた。そしてその言葉には重みがあり、一度約束したことは必ずやり遂げる強い意志が感じられたものです。それに反し、今の政治家、何らの信念もなく、言ってることはコロコロ変わるし、失言の繰り返し。自分自身の保身のみしか頭になく、言葉の重みなんて微塵も感じられない。このままでは日本は坂から転げ落ちること必至です。とは言ってもそういった政治家を選んでいるのは結局我々国民です。選挙の際は変な一過性のムード等に惑わされることなく、きちんとした政治信念のある方に投票して頂きたいものです。

◆母の思い出

母といえば、昭和56年10月、70歳で亡くなりました。何の楽しみもなく一生黙々と働きづめで、女手一つで私達兄妹を育ててくれた母には本当に頭の下がる思いですが、何らの親孝行、恩返しをする間もなく亡くなってしまい、大変心残りに思っています。私がウィーン出張中に母の調子が非常におかしいとの連絡を受け、急遽出張を切り上げ帰国し、郷里山口周防大島の某病院に入院していた母のところに直行した。病院の先生によれば、母は胃がんで3分の2位既にがんに冒されており、その病院では手の打ちようがないとのこと。私自身も仕事の都合上いつまでも大島に残っている訳にもいかないので、母を東京の病院に連れて帰ろうと考え、飛行機での運搬は無理なので夜行寝台列車に乗せ、東京駅では救急車を手配し、旧知の先生が院長をされていた某大病院に移しました。寝台車中苦しみもがいている母を見

母と私の子どもたち

るにつけ、時計をひっきりなしに見ながら、早く東京に着かないかなあと、山口と東京の距離がこんなに長く感じられたことはありませんでした。それにしても未だもってどうしても解せないのは、母は日頃から私の高校時代の同級生の某医師のところに通院していましたが、どうしてこんなに手遅れになるまで放っておかれたのか。そして東京まで移す訳だから、途中の車内でいつ容態が急変するかも知れない。そこでちゃんとお礼はするから寝台車に同乗して東京まで一緒に来てくれないかとその医師に頼んだけど、けんもほろろに断られました。あまりこういうことは言いたくないけど、正直言って、母が亡くなった後、彼を訴えようかとすら考えました。

　空気も良し、魚も豊富とかのキャッチフレーズで、定年退職後の住家として瀬戸内海、周防大島を宣伝していますが、母が亡くなった時代とは異なり、医療水準も格段に改善されているとは思いますが、高齢者が安心して住むには何と言ってもレベルの高い医療施設が近くに整っていることが最重要なのではないでしょうか。母のケースを顧みるに、つくづくそう思う次第です。

◆終わりに

　まあともあれ母の亡くなった時の年齢を超えるこの歳になっても、いろいろあちこち体の不調は感じられますが、特段致命的にこれといった悪いところもなく、好きな物を食べ、好きなお酒が飲めるのも、自分自身もそれなりに健康管理には気を付けてはいますが、基本的には両親から受け継いだＤＮＡのお陰なのかなあと、毎日感謝しています。役人は卒業しましたが、今までの生活とは全く異なる環境の下でいろいろ活動の場を与えて頂いており、各種法人、ＮＰＯ、任意団体等の会長、議長、理事等の他、会社の顧問を務め、微力ながら少しでも社会のお役にたてるよう、日夜頑張っている昨今です。

10　外交政策

平成25年春記

ご承知の通り、昨年12月26日、3年3カ月ぶりに民主党政権から自民党へ政権交代（返り咲き）が行われ、安倍晋三さんが5年ぶりに再度総理に就任しました。自民党から民主党へ、そして再び自民党へと、選挙の度に時計の振り子のように大きく揺れ動き、天地の一転を思わせる我が国政治の現実を見るにつけ、小選挙区制の恐ろしさをまざまざと感じさせられました。

3年余り続いた民主党政権の功罪については、いろいろなところで論じられているので詳しくは述べませんが、某新聞の記事を一部拝借すれば、短命首相、お粗末大臣、内輪もめ、本来はうまく使わねばならない官僚の一方的排除、現実とは大きくかけ離れた某政経塾で学んだ理論の押し付け等々、とにかくちょっと酷過ぎた感があり、先の衆議院議員選挙では、各党が唱えている政策の中身に対する審判というよりは、まずまともな政治をしてもらいたいという民意が強く働いたものと思われます。

この原稿を書いている段階では、まだ具体的な成果が出るには到っていませんが、安倍内閣、今年の夏に行われる参議院議員選挙が強く頭にあるからでしょう、一歩間違えば取り返しのつかないことになりかねない、領土問題を巡る日中関係、環太平洋経済連携協定（ＴＰＰ）等々の外交問題はやや後回しにして、財政出動、金融緩和、成長戦略を「３本の矢」とする経済政策、いわゆる「アベノミクス」を強力に推進すべく、総理の言葉を借りればロケット・スタートで矢継ぎ早に政策を打ち出しています。党内の内輪もめもこれにあり、ああでもない、こうでもないと言って結局は何もしない政府より、いろいろな政策を具体的に打ち出し、行け行けドンドンの方が株価も上がるし、円安にもなるし、国民の間にも希望が湧いてきて歓迎すべきことなのでしょうが、例えば今年度予算の国の借金（国債発行）は、東日本大震災の復興予算を組んだ２０１１年を除くと過去最大規模となる52兆円にふくらむ見通しですが、ここまで借金を増やして大盤振る舞いをして本当に大丈夫なのかとの一抹の懸念はあります。ただ物事は「結果良ければ全て良し」ですから、景気の「気」は気分の気であり、積極策により皆が明るい気分になって、その結果いい経済波及効果が生まれれば、それに越したことはないでしょう。

　こういった我々の日常の生活にもろに拘わりのある景気の回復が非常に重要なことは論を俟ちませんが、私が外務省出身だからということで言っているのではありませんが、はやり経済問題と同様、あるいは見方によってはもっと重要なことに外交問題があります。

　いくら日本の景気がよくなっても、まあそういう事態にはそう簡単にはならないでしょうし、ならないことを願っていますが、もし日本が攻め込まれ戦争状態にでもなれば、景気云々なんてのん気なことは言っておられなくなります。尖閣諸島を巡って毎日のように挑発行為を繰り返している某国の言動を見ていると、あながち現実離れした話ではないのではないでしょうか。一発の銃声が取り返しのつかない大戦争にまで発展しかねないことは、過去の歴史が如実に物語っているところです。そういった観点から早急に外交面で手を打つべきと筆者が考える主要点を思いつくままに簡潔に述べてみたいと思います。

　まず第一は我が国防衛力の強化です。具体的には自衛隊、海上保安庁の強化です。

以前にもこのコラムで言及させて頂きましたが、防衛装備の拡充と自衛官の人員増です。今回の安倍政権では民主党政権とは異なり、この点理解されて、11年ぶりとかで防衛費が増額されるみたいなのは喜ばしいことです。

それと集団的自衛権の容認です。これは何も憲法第9条の改正を行わなくても可能だと思います。

第二は、現行の日米安全保障体制は基本的には容認するも、戦後67年も経た現在、独立主権国家たる日本国としての緊密かつ対等な日米関係の構築です。具体的には1960年来改定されたことのない日米地位協定の抜本的改正、在日米軍基地の再構築と従来の受動的対米外交から能動的対米外交への転換です。これはしばしば巷で言われるような日米協力関係の希薄化を意味したり目指したりするものでは全くなく、第二次世界大戦終了時とは根本的に変わっている現在の国際情勢、特にアジア情勢の現実にマッチしたものにするのが目的で、結果的には逆に日米関係の更なる強化に繋がるものであると確信しています。

第三は日本版ＣＩＡの創設です。その為に必要不可欠な報償費（俗にいう機密費）の抜本的増額と運用面での大改革です。この報償費の問題についても以前このコラムで取り上げさせて頂きましたが、全然額も少ないし、原則としていちいち領収書が要求されるような現制度では、国家の命運に拘わるような機密情報の入手は困難です。

第四は、中国問題とは同列には扱いにくい北朝鮮問題、特に核開発、拉致問題の早期解決です。

核開発問題については我が国のみで解決出来るような問題ではありませんが、拉致問題については極端に言えば日・北朝鮮の二国間問題であり、我が国外交のあり方次第では解決可能だと思います。

まあいろいろな方法があり得ますが、ここでは紙面に限りがあるので具体的な言及は差し控えますが、安倍総理、自分が総理である間に是非解決したいと真に思っておられるみたいなので、心強い限りです。

第五は外国人（特に我が国近隣国で、我が国安全保障上重大な脅威となっている国々と言えば、どの国を指すかは自ずとお分かりだと思います）の土地取得規制の法制化です。これは地方自治体に任せるような次元の問題ではなく、国家として行うべき問題です。

最後に原発問題、これは純粋な外交問題とは言えないかも知れませんが、一部の利害関係者を除けば、一度事故が起きると末代の子孫にまで影響を及ぼすような原発はゼロであるに越したことはないと誰しも考えるでしょうが、我が国電力供給問題の現実を直視すれば、そんなに簡単に言い切れるような問題ではないでしょうから、例えば10年後をめどに、かつ原発ゼロを念頭に、我が国エネルギー政策をこの際根本的に検討し直してみるべきだと思います。

11　東京湾を泳げる海に

平成25年5月記

今回は従来とは少々趣を異にして、東京湾についてお話をさせて頂きたいと思っています。

東京湾はかつては海苔や貝類、魚類が豊富にとれ、江戸川や荒川には白魚も遡上するという一大漁場であり、また釣りとか遊泳の出来る子どもたちの遊びの場としても利用されていました。

ところが戦後、東京だけではありませんが日本の都市は、そういった自然環境は無視されもっぱら経済成長が重んじられるようになった結果、東京湾は臨海工業地帯としての利用が優先され、今から51年前の昭和37年には、漁民の方々は漁場の将来に絶望し、東京都から提案された漁業補償案を泣く泣く受け入れ、東京湾での漁業権が全面的に放棄されました。

その結果、臨海部の開発が進み、広大な干潟は埋め立てられ、残された水面も港湾区域とされ、水質や安全管理の理由から、東京湾は漁業はおろかいつの間にか泳げない海に変わってしまいました。つまり全面的に遊泳禁止地域になってしまったのです。瀬戸内海の島で育った私みたいに、海といえば魚を釣ったり、泳ぐのがごく当たり前のことであった者にとっては、とても夢想だにできない事態が東京湾では起きていた訳です。

これに対し、このままではいけない、昔のきれいな海に東京湾を少しでも戻したいとして立ち上がった方がおられます。

その名は関口雄三さん。江戸川区葛西の旧家のご出身で、本職は設計建築家。昔の葛西地区は関口さんの言葉を借りれば「(自分が)幼少の頃は整備された公園などもなく、実家の前の川や、歩いてすぐ行ける遠浅の海で泳ぎ、砂浜で毎日野球などをして遊んでいた。川や海は生活の動脈として機能しており、車ではなく船が主な移動手段だった。魚をとって食べたり、釣り人をべか船で案内して小遣いを稼いだりと、川や海は子どもが自然の厳しさや生命の尊さ、生活の知恵を学ぶ場所だった」とのこと。完全にそんな状況に戻すことは無理だとしても、少しでもそういった状況に戻せないものかと、関口さんは莫大な私財を投じ、葛西近辺だけではなく、各所から同志を募り、「子どもたちの泳げるきれいな東京内湾の再生」と「日本一の江戸前漁場の再生」を当面の目標として掲げ、認定ＮＰＯ法人「ふるさと東京を考える実行委員会」なるものを立ち上げ、いろいろな活動を始められました。その結果昨年は8月と9月にそれぞれ1日だけですが、葛西海浜公園にて海水浴が認められました。東京湾での海水浴の復活は50年ぶりのことだそうです。

ただこれも遊泳を全面的に禁止する「遊泳禁止」なる立て看板は残されたままでのことで、例外中の例外として遊泳が認められたにしか過ぎませんでした。ただ今年はいろいろ運動した結果、昨年より一歩進み、立て看板も「遊泳禁止」から「許可なき遊泳禁止」に書き換えられることになりました。これはつまり許可があれば遊泳ＯＫということであり、これまでの努力の一端がやっと認められた訳です。

ただこの事は海水浴場復活の全体像から見ればまだ一石を投じたにしか過ぎず、海水浴全面復活にはクリアしなければならない問題が山積しています。これは単に一ＮＰＯのみで解決できるような簡単な問題ではなく、国、東京都、近隣県の千葉、神奈川、埼玉等行政をも巻き込んだ対策が不可欠であり、これからまだまだ何年もかかることでしょう。

前述のように海には大変な愛着を感じる私としても他人事とは思えず、関口さんの熱意が少しでも前進具体化しないかと思い、東京都からの助成金確保等々微力ながら協力させていただいています。

ご案内のように今東京都は２０２０年のオリンピック開催地として名乗りをあげ、先日は国際オリンピック委員会（ＩＯＣ）の開催地評価委員会の一行が来日し、７月には他の二つの候補地、マドリッド、イスタンブールの分も含め視察結果の報告書が公表され、９月７日にブエノスアイレスで開かれるＩＯＣ総会で開催都市が決まることになっています。東京にオリンピックが招致されなければ問題外ですが、招致の暁には「28競技会場が選手村から８㎞圏内」をスローガンに掲げている東京オリンピックですから、競技種目の一つであるトライアスロンの一部である水泳マラソンが、この８㎞圏内にある前記葛西海浜公園西なぎさで行われることを心から願っている次第です。そういうことにでもなれば、まさか「遊泳禁止」の立て看板のある海でオリンピック選手を泳がせる訳には絶対にいかないわけで、必然的に行政も巻き込んで葛西エリアの全面的海水浄化を行わざるを得なくなるわけですから、この事は関口さん達が長年やってこられた運動の一助となることは間違いなく、私としてもそれを心から期待しているところです。

12　侵略の定義、従軍慰安婦問題

平成25年夏記

（この原稿が活字となって皆様のお手許に届くまでにはかなり時間があるので、その時の状況はあるいは今とはかなり様変わりしているかも知れませんだ）安倍政権になってからは、株高、円安、国内総生産（ＧＤＰ）年率増等々と、いわゆる「アベノミクス」が功を奏し、我が国経済はかなり上向きの方向に動き始めました。ただ株高と言っても、日銀による人為的な市場操作による面も大きく、さらに日本の経済の行き先なんか全く関心のない外資ファンドが株買いを続けていることに起因するところが大なるゆえ、果たしていつまで彼らが株買い、保持を続けるかがポイントとされていましたが、現に5月23日の株価暴落以降、連日乱高下を見せており、行き先全く不透明な様相を呈しています。円安にしても、輸出、輸入双方に依存している我が国にとって、どれくらいの円相場が最適であるかとの議論もあるでしょうし、まだまだ紆余曲折が考えられ、手放しで喜んではいられないと思われます。

経済以外にも歴史認識問題、なかんずく「侵略」の定義問題、「従軍慰安婦」をめぐる橋下大阪市長の発言に対する外国を含む各界からの強い反発、拉致問題絡みでの飯島内閣官房参与の突然の北朝鮮訪問、憲法第96条改正問題等々難問山積ですが、与えられた紙面が非常に限られている関係上、これらの全ての問題を取り上げることは困難につき、今回は「侵略」「従軍慰安婦」などに起因する「謝罪」問題に絞ってお話しさせて頂きたいと思います。

去る4月23日、安倍総理が参院予算委員会で「侵略という定義は学会的にも国際的にも定まっていない」と述べたことに端を発し、訪米中の韓国の朴大統領が米韓首脳会談でオバマ米大統領に対し、「東北アジア地域の平和のためには、日本が正しい歴史認識を持たねばならない」と述べ、さらに同大統領は米紙ワシントン・ポストとのインタビューで「日本は（周辺国の）過去の傷を開き、うずかせてきた。自身を省みることを望む」と述べ、また米上下両院会議の演説では「歴史に目をつぶる者は未来を見ることが出来ない」と述べるなど、韓国から異例とも言える発言が相次いだ。

これに対し安倍総理は、日韓関係の悪化を懸念する米国の声にも配慮してか、その後かなりトーンダウンさせ、「侵略の定義については、学問的なフィールドで様々な議論がある。政治家として、そこに立ち入ることはしない」と慎重な発言に変えてはいるものの、言葉の端々には「学問的に明確な定義がなされているかというと、そうではない」との持論を展開している。

この「侵略」に関連した問題の他に、「従軍慰安婦」についても事あるごとに韓国等から謝罪しろと言われる。ただよく考えてみるに、侵略の定義とか、いかなる背景、経緯で従軍慰安婦が存在したのかとか、果たしていつまで謝罪し続ければ事足りるのかといった問題は、学者間の議論としては敢えて異論を唱える者ではないが、日中、日韓間の政治、外交の場でいつまでも蒸し返され議論されるべき問題であろうか。

日中、日韓の間で侵略とか謝罪とかいう問題が起きる度に、筆者としては、長州藩と会津藩との長年にわたる諍いというか怨念（という言葉が適切であるか否かは別として）の問題がつい頭をよぎってしまう。筆者が山口（長州）出身であるから申し上げる訳では決してありませんが、祖父、いやそれよりもっと前の年代の人達が行った行為に対して、その是非につきいろいろ議論されるのは善しとしても、その責任を我々の世代の人間にまで被せ、あたかも犯人の如く言われても、どちらにとっても何ら利するものではない。もう何年も前の話ですが、筆者がまだ外務省の現役課長の時、県からの依頼でたまたま福島に講演に行ったことがあった。ところが止せばいいのに司会者が冒頭、「これから講演していただく課長は山口、長州のご出身で……」とやらかしてしまった。講演された方なら誰でも経験がおありだと思いますが、聴衆の雰囲気が非常に温かい場合と冷たい場合があり、福島の場合、それまでは何か温かい雰囲気のような気がしていたのが、長州云々と紹介されたとたん、決して筆者の一人合点ではないと思いますが、急に場が白けてしまい、ほうほうの態でその場を後にしたほろ苦い思い出があります。

日中、日韓、長州会津等に纏わる問題は、勿論いろいろ「被害」を被った側にしてみれば、いつまでも忘れられるものではなく、内輪というか国内政治上の問題も絡み、子ども、孫と代々語り継がれ、それが現代でも脈々と受け継がれているのでしょうが、事実は事実として踏まえ、反省すべき点は勿論反省しなくてはなりませんが、いつまでも過去にとらわれていてはお互い何も建設的な結果は生まれません。

よく言われていることですが、人と人との関係でいえば、夫婦は勿論のこと、親子、兄弟のように血のつながった関係にある者でも、その気になればバイ、バイと離別出来ないことはありません。

それに反し、日中、日韓のように地理的に動かせない隣接している国同志の場合、嫌いになったからといって、おいそれと逃げ出す訳にはいかない関係にあるのです。どうせ逃げ出せない関係にあるのなら、その関係はより建設的、かつ楽しいものにするよう努力しなくてはなりません。

それがお互いの国の国民、政治家の使命ではないでしょうか。いつまでも過去の怨念に捉われることなく、未来志向で行こうではありませんか。

13　吉永祐介元検事総長の思い出

平成25年冬記

去る9月7日、アルゼンチンの首都ブエノスアイレスで開かれた国際オリンピック委員会（ＩＯＣ）総会で、２０２０年の夏季オリンピックの開催地は東京に決定しました。この決定に到るまでの経緯等については、マスコミ等で耳にタコができる出来るくらい報道されているので、ここでは敢えて触れませんが、まあいろいろ意見はあるにせよ、いろいろな意味で7年後というプラス思考の大きな目標が出来たことは、我が国にとって良かったのではないでしょうか。

このオリンピック招致実現もその一つですが、今回の安倍政権、何だか運も味方しているのでしょう、昨年末の衆院選ならびに今年7月の参院選自民党圧勝をバックに、集団的自衛権行使に関する解釈変更、消費税増税（法人税減税）、特定秘密保護法制定、産業競争力強化法制定、国家安全保障会議（日本版ＮＳＣ）の設置等々、従来の政権ではなかなか手が付けられなかったいろいろな政策を積極的に打ち出しています。

この中で集団的自衛権とは、ある国が外国から不法な侵略等武力攻撃を受けた場合、その国と同盟関係にあるなど密接な関係にある国が自国に対する攻撃とみなし、反撃を行うことが出来る権利のことを言います。

この権利は、我が国もその加盟国である国連で憲章51条により固有の権利として認められてはいるものの、日本政府は従来、特に法制局の見解を取り入れ、憲法9条の解釈として、自国への攻撃に対しては個別的自衛権は行使出来るが、集団的自衛権については憲法の容認する自衛権の限界を超えるとして、その行使は出来ないとの解釈を取ってきました。

これに対し安倍総理は第一次内閣の時からの持論ですが、究極的には憲法改正が望ましいが、時間的にみても改正は容易ではないので、憲法の改正を待たなくても解釈変更で集団的自衛権は行使し得るとの考えをお持ちのようで、従来の慣例を破り、今まで反対してきた法制局の長官に、解釈変更に柔軟な考えを有しているやに見受けられる外務省出身者を任命するなど、着々と事態を前に進めてます。

この行使に関しては賛否諸議論があるのは十二分に承知していますが、日米関係をより対等なものにするとの観点からも容認すべきではないでしょうか。

ではどういう地域、場合をもって自国に対する攻撃とみなすのかといった問題ですが、前もって地理的に一線をひくなんていうのはナンセンスな話で、その時々の政府が事態を十二分に考慮して個別ケースごとに判断を下さざるを得ない性格の問題ではないでしょうか。

これに関連して、防衛省出身の某官房副長官補が行使の対象は地球の裏まで及び得るとか発言して物議を醸していますが、何もそれを敢えて強調する必要はないものの、理論的、実際的にも彼の言っていることは正鵠を得ていると思います（ちなみに余談ですが、冒頭に述べたオリンピック開催が東京に決まったブエノスアイレスは、日本から見てまさに地球の真裏に在する都市です）。

誰も望んでも簡単に就けるポストではない総理というポストに就いたからには、日頃からやりたいと思っている政策をドンドン推し進めたらいいと考えます。

ただ与党国会議員の数を頼りに、行け行けドンドンに対する危惧の念は勿論ありますが、日本の場合、近隣の某独裁国家とは異なり、遅くとも3年後には衆、参議院選挙がある民主主義国家ですから、もし現政権が推し進めている政策に異論があれば、その選挙で国民の声を反映させればよい訳で、あまり心配する必要はないのではないでしょうか。

こういった政治の動きに関連して、最後にどうしても言及させて頂きたいことがあります。それは去る6月23日に81歳でお亡くなりになった元検事総長の吉永祐介さんのことです。

皆さんよくご存知だと思いますが、吉永さんは東京地検特捜部に長く在籍し、田中角栄元総理が逮捕されたロッキード事件やリクルート事件などを指揮し、政治にも多大の影響を与え、「特捜検察の鬼」と呼ばれた方です。

検察が政治を動かすのはおかしいとの批判もあったなかで、「検察は政界を浄化する立場にはなく、どぶさらいに過ぎない」と韜晦《とうかい》されていました。

筆者のごとき浅学菲才の者が何ゆえ吉永さんのことを話題にさせてもらっているかと言うと、先生とはある人の紹介でお知り合いになり、検事総長を最後に退官され六本木に弁護士として法律事務所を開設されてからというものは、特に用事もないのに事務所にたびたびお邪魔し、いろいろなお話を伺いました。

先生は政治に一切妥協せず、正義というものに対して特段の執念というか信念をお持ちでみんなから怖がられていましたが、そこを離れるととっても庶民的な方で、「弁護士って儲かるね。もっとも税金も高いけど」とか、「あなたが何か問題を起こしても心配しないで。私がちゃんと面倒をみるから（これに対し私からは、万一先生に面倒をみてもらうようにでもなったら、大問題ですけど、と冗談を言ったりしました）」とか仰ったり、また私もその役にありますが、東京深川に富岡八幡宮という由緒ある八幡宮がありますが、そこの特別顧問に先生なりませんかと申し上げたら、「それも面白いね」と気さくに引き受けて下さったりと、思い出は尽きません。

先生は岡山県の出身で旧制六高に入学、学制が変わって六高は岡山大学となりましたが、東大、京大などに入学できる実力は十分ありながら、地元の要望に応え、そのまま同大学に留まり、新制岡山大学の第一期生として卒業後司法界に入られています（ちなみに大学同級生に、後に通産事務次官にまでなられた小長啓一さんがおられますが、小長さんは次官になられる前に田中角栄元総理の秘書官を務められており、吉永先生は同級生のボスを逮捕するという、なんとも言えない運命のめぐり合わせを経験されています）。

最後に先生の奥様から頂いたお手紙の一部分を引用させて終わりにさせて頂きます。

「夫の強い遺志に従い、家族葬での見送りをしました。僅か2週間の入院でしたが、穏やかで微笑んでいるような顔での旅立ちは、大勢の方々に支えられながら思う存分力を出し切って仕事が出来た満足感と感謝の表れのような気がします」

（近年検察は証拠品改ざん事件等捜査の足を踏み外すなどかなり信頼を失っており、志を継ぐ若き検事らの特捜検察再興を見ることなく、古巣の行く末を案じつつ、さぞかし心残りではあったとは思いますが）まさに先生の一生はその通りだったと思います。

心より御冥福をお祈り申し上げます。

14　靖国神社参拝問題

平成26年春記

昨年12月26日、安倍晋三総理は、総理にとっては第一次安倍内閣以来の念願であった靖国神社参拝を行った。これに対し従来から日本の総理をはじめとする主要閣僚が靖国神社参拝を行わないよう強く求めていた中国、韓国は当然のことながら反発し、日本の同盟国である米国からも異例ともいえる表現で「失望した」との声明が出された。さらにこの三国に加え、ロシア、欧州連合、国連からも懸念が示された。

安倍総理が靖国参拝を行いたいとする強い願望というか信念を持っておられることは何人にとっても周知のことであったが、一昨年12月の第二次安倍内閣発足以来、参拝するともしないとも言を濁してきた総理が何ゆえをもってこのタイミングを選んだのかについては、消費増税、特定秘密保護法、沖縄の普天間基地問題などの懸案の諸問題に一応めどがつき、参拝を見合わせてきても一向に改善されない日中、日韓関係にも鑑《かんが》み、この際総理の頭の中にある「国民との約束」を守り参拝を強行しても、いわゆる「参拝ショック」は和らげられるのではとの判断があったことの他、26日が第二次安倍政権発足から丁度一年の節目であったこと等があげられると思います。

翻ってみるに、何故中国、韓国が総理等の靖国参拝に神経質となり強硬に反対するのか、ちょっと考えてみたいと思います。

皆さんよくご存知だとは思いますが、靖国神社とは、1869年（明治2年）、明治政府が戊辰戦争での官軍の戦死者を弔うため創建した「東京招魂社」が1879年に「靖国神社」と改称されたもので、その後日清、日露、日中戦争などの250万近い戦没者がまつられています（個人的な話で恐縮ですが、中国で戦死した筆者の父もその一人です）。その靖国神社への参拝が日中、日韓間で大きな問題となるのは、1978年に東条英機元首相らA級戦犯14人が靖国に合祀されたことに端を発する訳ですが、日本が独立を回復した1952年以降、日本の歴代首相はほぼ毎年参拝を行って来たし、昭和天皇も1975年まで戦後8回参拝されていますが、それまでは中国、韓国共に何ら反発してこなかった。

靖国神社

ところが、A級戦犯合祀後もしばらくは靖国参拝に対し何も問題視して来なかった中国、韓国が、１９８５年中曽根首相が8月15日の終戦記念日に公式参拝をしたのをきっかけに、それ以降総理などがかかる靖国を参拝するのは侵略戦争を正当化するものだとして強く反発してきている訳です。

これに対し小泉元総理や安倍総理などは、いわゆるA級戦犯であれ一兵卒であれ、お国の為に命を捧げた人達の英霊を祀るのにその区別はなく、A級戦犯が合祀されているからといって、そこに参拝して何が悪い、これは日本の国内問題であるとの立場をとっておられる訳です。

ただ日本人の中にも、赤紙一枚で召集され

た兵と（筆者の父もその一人ですが）、それを指揮、命令した人を同列に扱うべきか否かについては根深い対立があるのは事実ですし、日中国交正常化の際、周恩来首相が述べた「日本軍国主義は日中人民の共通の敵」、つまり悪いのは日本の一部の軍人や軍国主義者で、ほとんどの日本国民は被害者だったとする「周恩来テーゼ」に対し、当時の田中角栄首相が特に反論した形跡もないし、その後の歴代首相もとりたてて反論して来ませんでした。

そういったことからも、「勝てば官軍、負ければ敗軍」で米国やソ連の犯罪は一切問われることのない戦勝国のみによる裁判の結果「戦犯」とされたA級戦犯が、なんだか国際的に悪の権化たる日本軍国主義の象徴みたいに扱われている面もあり、国内でもいろいろ難問題を抱え、他方覇権国家を目指す今の中国がA級戦犯を問題視する背景には、そういった問題意識もあるいはあるのかも知れません。

いずれにしても戦後69年にもなる現在、いったん過去のものとなった問題を蒸し返し、いつまでもそれに拘泥し続けることには、外務省の先輩である外交評論家、岡崎久彦さんも先日某新聞で述べておられたように、もう「うんざり」というのが偽らざる感情です。

ここ数年間、日本では決められない政治が続いていていました。ところが一昨年の第二次安倍内閣発足以降、衆参共に自民党が多数を占める状態となっており、決められる政治が復活しています。

先号でも触れましたが、総理という座はなりたくても簡単になれるものではありません。従って幸運にも再度そのポストに就いた安倍総理には思うところ信念を突き進んで頂きたいと思いますし、そういったリーダーが決断することを歓迎する国民の声も強くなっているやに感じられます。

今回の靖国参拝についても、当然予想される中国、韓国などからの反発も物ともせず毅然として実行された決断力に対してはたくましさを感じている国民も多数おられるでしょうし、筆者もその一人ですが、自衛隊の諸兄は如何お考えでしょうか。

ただ敢えて極論めいたことを言わせていただければ、国内問題は一度しくじっても元に戻すことは可能でしょうが、国外問題、つまり外交問題に関しては一度しくじると、それを元に戻すのは至難の業であるということです。今回の靖国参拝についても、総理ご自身の信念を貫くにあたっては当然のことながら、外交上いかなるインパクトを与えるかは事前に十二分に熟慮、計算されたことでしょうし、マイナス面を最小限にとどめるべくいろいろ努力をされたうえでの行動だったと思います。

冒頭で日本の同盟国たる米国から「失望した」との声明が出されたと申し上げましたが、このことに関し、今回の総理参拝は、日中、日韓間で出来るだけ波風をたてて欲しくない米国の期待、信頼を裏切ったとか、米国は同盟国とはいえ最後まで頼りにしていたらひどいことになるとかいった内容の報道もありましたが、逆説的に言えば、米国が今回日本一辺倒の態度を取ることなく、中国、韓国寄りの発言をしたことが、（そういう事を米国が意図していたかどうかは別として）逆に中国、韓国としてはあまり強硬な行動を取らなくて済んだとも言える面もあるのではないでしょうか。

資源に乏しい我が国は、諸外国、特に近隣諸国との良好な関係を維持しなければ、自国、自国民の安全、繁栄は有り得ないわけです。だからといって相手の言う事をそのままご無理ごもっともですといって聞き入れておれば事足れりといった問題ではありません。国としての信念なしには、その国の繁栄は考えられません。難しい問題ですが、みんなでよく胸に手をあてて考えてみる必要があると思います。

15　親日国、スリランカ（旧セイロン）

平成26年5月記

　まず最初に、あの忌まわしい3月11日の東日本大震災発生以来早くも3年以上経ちました。復興は必ずしも思うようには行っておらず、難問山積のようですが、当時の素晴らしい自衛隊の方々の活躍ぶりを目に浮かべながら、犠牲になられた方々には心から哀悼の念を懐きつつ筆を進めているところです。

　さて、このコラムでは、ここ数回は集団的自衛権とか靖国神社参拝問題とか、やや硬い話題を取り上げてきましたが、今回はぐっと趣を変えて、「知られざる親日国」とか「世界遺産と共存している国」とか言って、特に最近テレビ等で頻繁に取り上げられている国、スリランカ（旧セイロン）について語ってみたいと思います。

　いきなりスリランカと言われてもどこにあるのかぴんと来ない方が多いかと思いますが、インドの南に位置しインド洋に浮かぶ北海道の0・8倍くらいの大きさの島国です（ちなみに「スリ」とはこの国の公用語の一つであるシンハラ語で「光り輝く」、「ランカ」は「島」という意味です）。人口は約2千万人、民族はシンハラ75％、タミル15％、ムスリム9％。宗教は仏教70％、ヒンズー教13％、イスラム教10％、キリスト教7％。言語はシンハラ語、タミル語が公用語、英語は連結語となっています（在スリランカ日本国大使館資料による）。主な産業（品）は、縫製業、農業（皆さんよくご存知のセイロン紅茶、ゴム、ココナッツ等）、ダイヤモンド、エメラルドを除く宝石、まぐろ等の海産物です。

何故今回突然スリランカを取り上げてみようかと思ったのは、私的なことで恐縮ですが、今から遡ること20数年前、私が日本国大使として赴任した最初の国がスリランカであったことや、ごく最近、所用で再びこの国を訪れる機会があったのですが、私が大使として勤務していた時と現在とではその変わりようといったら目を見張るものがあったから等々の理由もありますが、判官びいきではではなく、治安も回復した心底親日的な国スリランカを日本の出来るだけ多くの方々に是非知って頂きたかったことに他なりません。

私が大使として勤務していた頃は（１９９０年代前半）、後でちょっと述べますが、反政府組織「タミル・イーラム解放の虎（ＬＴＴＥ）」と政府との間で武力衝突が繰り返されており、現に私が在任中に当時のプレマダーサ大統領がいわゆる自爆テロ（強力なダイナマイトを身に着けて、自分も死ぬ覚悟で突っ込んでくるテロ）により暗殺されるなど、いつどこでダイナマイトが炸裂するか分からない状況でした。

この反政府組織と政府との紛争は、簡単に申しますと、スリランカが英国の植民地支配下にあった時代には英国は少数派タミル人を政府役人等に重用し、多数派シンハラ人を統治するといった政治を行い、それが約１５０年近く続きましたが、１９４８年にスリランカが独立を迎え、選挙による政府運営がなされるようになると、当然のことながら多数派シンハラ人中心の政権が生まれ、今まで虐げられてきた多数派シンハラ人の利益優先政策が取られるようになりました。これに少数派タミル人が反発し、特にその強力なリーダーたるプラバカランのもとに武装組織が結成され、本格的な紛争へと発展しましたが、２００９年にはこの強力なリーダーを殺害する等して反政府組織を軍事的に壊滅させたことにより紛争は一応終結し、今後はシンハラ人とタミル人間の民族和解をいかに進展させるかが課題となっているのが現状です。この国は仏教が中心の国であることもあってか、蚊が人間の身体にとまっても殺すことなく追い払うような国民なのに、どうして人間だったら殺し合うのかと、私なんかはいつも言ってきましたが、本当は心のやさしい国民ですから、是非ともこの民族和解が末永く根付いてくれる事を期待している次第です。

この国の親日度を物語るエピソードはいろいろありますが、よく挙げられるのが、日本と連合国との間で第二次世界大戦を終結させた１９５１年のサンフランシスコ平和（講和）会議で、スリランカ政府代表であった故ジャヤワルダナ大統領（当時財務大臣）が「憎しみは憎しみによって止まず、愛によって止む」という仏陀の言葉を引用し、日本に対する賠償請求権を率先して放棄し、我が国を国際社会の一員として受け入れるよう訴え、我が国の国際社会復帰への大きな流れを作り出した史実です。

私が大使として在任していた時も、ジャヤワルダナさんは既に政界から引退されておられましたが、よく大使公邸に食事にお招きしたり、私が私邸にお邪魔しても、いつも日本に対する愛着を強く感じさせる態度で応対して頂き、その都度感激していたのをつい最近のように思い出しています。

最後にもう一つエピソードをお話したいと思います。私が大使をしていた時でいまでも鮮明に記憶に残っていますが、１９９３年４月30日、東京から福田康夫先生（当時日・スリランカ議員連盟事務局長。後で総理大臣）と外務省の経済協力局長がスリランカに来られるということで、当時首相をしていたウイジェトゥンガさんに会見を申し込んだら、話だけでいいのか、食事をしなくてもいいのかと言われるので、もし食事でもして頂けるのなら喜んで、ということで首相公邸に伺いました。

まあいろいろ話があったなかで、私は首相からさかんに明日はメーデーで政府与党主催のラリーがあるので是非参加しないかとかなりしつこく誘われました。

ただ私は表向きの理由は、たとえ与党とはいえ一政党であることには変わりない特定政党のラリーに、中立であるべき大使が出席するのは如何なものかということでしたが、本心は何となくそのラリーでは何か悲劇的な事が起きるのではないかとの予感がしていたものですから、その申し入れをやんわり断りました。

ところが帰りの車の中で福田先生曰く、ああいう誘いには積極的に応じるのが大使の役目ではないのかとかなりご機嫌斜めでした。私からは何となく嫌な予感がしているんですがねとその場はとりなしましたが、果たして予感は的中し、翌日自爆テロにより大統領以下数十人が即死するという痛ましい事件が発生しました。もし

ウイジェトゥンガ大統領

あのとき私もラリーに参加していたらと思うと、背筋が寒くなる思いです。その事件を目の当たりにして、福田先生の私に対する評価も少しは変わったみたいでした。

　このウイジェトゥンガ首相、大統領死亡をうけて首相から大統領に昇格した後も、当時我が国が最大の経済協力ドナー国であったこともその一因でしょうが、そういうことを離れて私とは何だか馬が合うというか、何でも電話でツーカーの関係となり、それに関連したいろいろ面白いエピソード多々あるのですが、紙面に限りがあるので、今回は遠慮しておきます（ウイジェトゥンガさんは残念なことに２００８年92歳でお亡くなりになりました）。

最後に余程のことが無い限り今のスリランカにはそういう痛ましい事件はまあ起きないでしょうから、どうか皆さんスリランカを訪れてみて下さい。直行便もあります。必ず満足して帰って来られると思います。

ただいくら親日的な国といってもそれにあぐらをかいていてはダメです。国連では我が国の安保理常任理事国入りも含めいつも我が国を支持してくれる国ですし、軍事戦略上地理的にも大変重要な位置にある海洋国家です。

まだまだ経済規模も小さく発展途上にある国ですから、経済協力等日頃からの心のこもった「おもてなし」が必要であることは論を俟ちません。ちなみに若い方には、すぐ隣にモルジブという素敵なリゾート国もあります。

なんだかスリランカの観光大臣みたいな発言になりましたが、ご容赦の程を。

16　原子力発電所問題

平成26年夏記

今回は原子力発電所問題（原発問題）、特にその再稼働問題を取り上げてみたいと思います。

この問題は専門家の間でもいろいろ意見、考え方が異なる問題であり、筆者の如きいわば門外漢の人間が軽々に取り上げるべき単純な問題では無い事は重々承知しています。ただ１９４５年に広島、長崎に投下された原子爆弾により被爆された方々が、その放射線によって人体、精神面においてどのような影響を受けているかを戦後実に60年以上の長きにわたってずっと追跡調査を続けてきている研究機関に「（公益財団法人）放射線影響研究所」（略称：放影研）というのがありますが、筆者はいわゆる放射線の専門家としてではなく、良識派とでもいいますか第三者的立場からそこの理事、評議員（長）を10年以上も続けさせて頂いていることもあり（つい先日、6月18日から20日まで長崎で開催された年次評議員会に出席してきたばかりです)、この放射線、原子力問題についてはド素人という訳では必ずしもないので、以下私見を敢えて述べさせて頂きます。

ただ本題に入る前に、前記「放影研」なるものが如何なる存在であるか、規模、活躍の大きさの割にはあまり知られていないので、ちょっと掻い摘んで説明させて頂きます。

「放影研」とは、1947年に発足したその前身であるABCC(原爆傷害調査委員会)を引き継ぎ、1975年に日米共同研究機関として発足、その目的は「平和的目的の下に、放射線の人に及ぼす医学的影響およびこれによる疾病を調査研究し、原爆被爆者の健康保持および福祉に貢献すると共に、人類の保健の向上に寄与すること」にあり、予算(年間約34億円、日米両国政府折半)や人材などの面でも日米共同で運営されている研究機関です(研究所の所在地は広島と長崎)。被爆者が受けた放射線の人体への影響に関する60年以上にわたる研究所の分析、評価は他に類を見ない貴重な価値を有するものであり、先般の福島第一原発事故に際しても貴重なデータを提供し、高く評価されています。

さて本題に入らせて頂きますが、先の東日本大震災により引き起こされた福島第一原発事故を教訓に原発の是非を問う声が高まっており、現在日本中の原発は運行停止状態にありますが、この状態をいつまでも続ける訳には行かないと、原発の安全性を担保する国の新規制基準をクリアすることを条件に、12の原子力発電所が再稼働を目指しています。こういった中で政府、財界などには原発運行停止がこれ以上続くと電力不足や電気料金の値上げが起き、産業の国際競争力低下、ひいては空洞化を招くとして、強化された新安全基準をクリアすれば再稼働を認めるべきだとの考えが強くあります。これに対し反対派はそもそも原発は危険極まりないしろものであり、先般の福島原発事故で十二分に証明されているではないか。いくら理論的には安全と言っても、先の大震災の時のように、絶対に安全だと見なされていた防波堤が大津波により跡形もなく壊されたではないか。全て「想定外」だったとして片付けられたのではかなわない。といった即廃棄すべしとの強硬論から段階的廃止論などいろいろな考えが存在しています。

確かに新基準とは言っても、日本は残念ながら地震大国です。いつどのような大型の地震が発生するか分からない我が国ですから、こんな危険極まりない物は存在しないにこしたことはありません。頭痛、風邪などはちょっと薬を飲めばそのうち治りますが、被曝（爆）の場合、真綿で首を絞められているようなもので、いつ発病するか分からない。しかも子供、孫にも影響を及ぼすのではないか、といった被爆者のストレスたるや測り知れないものがあります。

先の東京都知事選挙の際、細川、小泉陣営、特に小泉元首相は「現に原発ゼロ稼働でも、電気は明々と灯っているし、工場もフルに稼働しているではないか」と主張されていましたが、これにはちょっと肝心な点が看過されているような気がします。福島事故発生前は国内電気総需要の30％近くを占めていた原子力発電分を、石油、天然ガス、石炭等の供給を増やし、また休眠していた火力発電所も再稼働させる等して、それで賄っているのが現状でしょうが、ただこの石油、天然ガスを今後も自由に供給出来る保証でもあるのでしょうか。残念ながら我が国は石油、天然ガス等はほとんど輸入、特に中近東に頼っており、昔のオイルショックのように輸入がままならなくなったら如何するのかとの論点が欠けているような気がします。現に今、世界有数の産油国たるイラクでは情勢が大変緊迫しています。

これに関連して去る5月、原発運転再稼働を認めないとする非常に興味深い含蓄のある判決が福井地裁でありました。これは関西電力の大飯原発再稼働に対し、住民らが運転の差し止めを求めた訴訟の判決ですが、判決では、大飯原発の運転是非にとどまらず、地震国で果たして原発を持つことが出来るのか、優先すべきは「生存にかかわる人格権」であり、発電の一手段にしかすぎない原発はそれより優先度を低く置くべきで、電気代と住民の安全性を同列に論ずべきではなく、原発の規制基準の是非を論ずる以前に、原発の安全性に対する考え方を根本から考え直すべきだとしています。個人的にはこの判決には感銘するところ大なるものがあります。ただ以前から幾つかの政党、有識者等が主張されているような、今この時点で即原発廃止というのはあまりにもユートピア的な考えだと思います。ですから取り敢えずは新規制基準を極まりなく厳しくして、幾つかの原発の再稼働は現実の問題としては認めざるを得ないのでしょう（ただ審査にあたる原子力規制委員会を、何だか原発推進の考えを持つ委員のみで固めようとしているのではとの報道がなされていますが、これなどはもし事実であるとすれば、委員会に求められている独立性、中立性の観点からして言語道断だと思いますが）。

ただこういう危険極まりないものはいつかは絶対に廃棄すべきだと思います。

石油依存等による電気代の高騰を原発再稼働賛成の理由の一つに挙げておられる人もいますが、お金で原発廃棄が可能になるものならみんなでそれを負担すれば済むことです。

これから先の私の結論は何だか足して二で割るという人畜無害的なものだと言われるかも知れませんが、例えば10年、15年先を不動の目標にして、原発ゼロ、そしてそれに代る新エネルギーの開発にもっと積極的に国家予算を増やすべきです。

確かに風力、太陽熱、地熱等の自然エネルギーは国内エネルギー供給全体の今の時点では僅か1％程度を賄っているにしか過ぎませんが、これらはその気になればもっと大幅に増やせる筈ですし、プロペラのような翼を海中に沈め、海流や潮の満ち引きを利用して発電する「海の風力発電所」というような構想もあるようです。

また、コスト面では未だ大きな問題はあるものの、日本近海には我が国の天然ガス消費量の１００年分に相当するメタンハイドレート（燃える氷）なる資源が賦存されているとも言われています。

ちなみに日本には国土の大きさでは世界第61位ですが、排他的経済水域、つまり海の広さでは世界第6位です。こういった事を考えれば、原発ゼロ、やれば出来ない話では絶対にないと確信しています。

17　国家とは一体何か

平成26年冬記

先般9月18日には、３００年間続いた連合を解いて英国からの独立の是非を問う住民投票がスコットランドで行われ、結果的には独立反対が多数を占め独立は否決されたことは皆さんよくご存知だと思います。

これは単にスコットランドの独立が否決されたという意味合いにとどまらず、国家の一地域が住民投票によりもし独立したとなると、同じように分離・独立の是非を問う住民投票を行わんとしているスペイン北東部にありフランスと国境を接するカタルーニャ自治州、及びバスク自治州、ウクライナの東部、カナダのケベック、中国のウイグルやチベット、ベルギー、イタリア国内等々独立の動きが見られる地域にとどまらず世界中に及ぼす影響は極めて大きい訳です。

これらの地域が何故独立したがるのか、それぞれ複雑な事情、背景があり、いちがいには言えませんが、民族的、宗教的、文化的、感情的な歴史的背景に加え、総じてそれらの地域には資源等が豊富で、結果的に中央政府に取られている税金額に比べ自分達が受け取る恩恵額の方が少ない、だから独立した方が自分達はより豊かになれるということもあるでしょう。

ただそういった現実的な話に加えもっと重要なことは、こういった旧来の国民国家の土台を揺るがせ始めている国際的な動きを見るにつけ、そもそも「国家」とは一体何なのかという大きな問題を今回改めて提起しているということではないでしょうか。

余談ですが、我々は簡単に英国と言いますが、英国の正式名称は「グレートブリテン及び北アイルランド連合王国」であることからも伺われる通り、英国とはイングランド、スコットランド、ウェールズ、北アイルランドの4つの地域から構成されている国で、その一つが今回独立しようとした訳です。

そこで「国家」とはいったい何なのでしょうか。

国際法的に言えば、「国家」とは一定の領土と人民を持ち、それらを安定的に支配している政府が存在しているという客観的要件と、国際法を遵守する意思と能力を持つという主観的要件が満たされ、かつ既存の各国からの国家承認が得られて初めて国家として認知される訳です。

現在、日本が承認している国の数は194カ国で、それに日本を加えた195というのが日本にとって世界の国の数です。

今では国家には当然国境線なるものが存在していますが、歴史的に見れば、国境という概念がきちんと誕生したのはそれほど大昔ではなく、1648年にヨーロッパの大国がほとんど参加して締結されたヴェストファーレン条約によって、それぞれの主権国家が公権力を行使出来る一定領域が明確化され、国土、国境なる概念が画定されたのです。

日本は島国であることも手伝ってか、国の境界についての意識に曖昧な点が多く、東西南北の端のどこまでが日本なのか漠然としたままで推移して来たのが現実で、現在、北方領土、竹島、尖閣諸島の帰属を巡る大きな問題を抱えてはいますが、ヨーロッパのようにしばしば国境線が問題になるということはなかったのに対し、ヨーロッパでは1914年に始まった第一次世界大戦の結果、それまで広い版図と多民族を有していたハプスブルグ帝国が崩壊し、民族自決の大義のもとにいくつもの国が生まれ、国境線がある意味では恣意《しい》的に引かれ、ヨーロッパでの国の構図は大きく変わりました。

まあ歴史的な話はさておいて、50年前の東京オリンピックに参加した国・地域は確か93であったのが、2年前のロンドン・オリンピックでは2倍以上の２０４であったことからも伺えるように、なぜ国の数がこんなに増えているのか。

欧州連合（ＥＵ）などは、国の存在は認めつつも、通貨の統一、通関はフリーパスと国境はあって無きが如くで、国というものの必要性をある意味では否定しているような動きにも見えますが、独立した組織体を目指す「国」なるものの魅力は那辺にあるのでしょうか。

やはりその根底にはナショナリズム、さらにより単位の小さいマイクロナショナリズムなるものがその原動力にあり、今の国家よりもっと小さな組織体に主権を持たせることにより、旧来の概念化での国家では解決困難な諸問題を解決しようという動きに他ならないと思います。

ただ今までは地理的なものをベースに国境を画定してきたけど、最近は国際的な認知には程遠いものの「イスラム国」なる名称を勝手に名乗る組織が勢力を強め、イラク、シリア国内で過激な行動を起こしているのを見るにつけ、これからは「国」に対する概念を変え、地理的な国境なるものにはこだわらない、国家の枠を超えた同じ信条、宗教等の者が団結するという新しい「国」という概念が今後頭をもたげてくる可能性はあながち否定出来ないのかなあと思う昨今です。ただそうは言っても、今の資本主義をベースとする国家のシステムがそう簡単には崩壊するとは思いませんが。

これに関連し、最近某高名なお二方による『もう国家はいらない』（バラ色の国家解体論）という本が対談形式ですが発刊されたので、大変興味を持って拝読させて頂きました。まあ読後の感想としては、ちょっと現実離れはしていますが、何十年か先にはそういう事もあり得るかなあという感じです。

ここでちょっと見方を変えてもう少し現実的な話として、私自身の経験談を少々紹介させて頂くと、私は今から約40年前、ニューヨークにある国連の日本政府代表部に勤務していたことがあります。

今国連の加盟国数は１９３ですが、安保理の常任理事国５カ国が有している拒否権を除けば、米国のような大国もモルディブのような小国も一票は一票で、票決に到れば全く同じ価値の投票権を有しています。

当時はいわゆるオイルショックの時で、いろんな決議が国連でなされましたが、日本に有利な決議を通すに当たり、道州制といった発想をも飛び越え一気に日本の47の都道府県をそれぞれ全部独立させ国連に加盟させたら、日本票は1票ではなく47票にもなるんだがと夢物語みたいなことを正直いって真面目に考えたこともありました。

第二次安倍内閣では、地方創生担当大臣を新設し、地方自治体の個性を生かした地方創生を目玉政策に掲げ、地方活性化を実現する為の関連法案、具体策を検討していますが、これなどは前述のより小さな組織体に主権を持たせようとする潮流に根底では似ているところがあり、独立国家とまでは行かずとも、中央政府からの交付金なんかに頼るのではなく、独立した法制度、財源、予算、政策などに関する権限を各都道府県にそれぞれ与える方向に持って行けば、地方創生、活性化の本来の目的は自ずと達成されるのではないでしょうか。

18　総理に衆議院解散権ありや

平成27年春記

遅ればせながら新年おめでとうございます。今回が今年最初のコラムです。

さて、昨年末から年始にかけ、内外共にいろいろな出来事がありました。海外では1月7日から9日にかけて17人もの犠牲者を出し世界を震撼とさせたパリでの仏週刊新聞襲撃連続テロ事件、さらに1月20日には、イスラム過激派組織「イスラム国」のメンバーとみられる男が、72時間以内に2億ドル（約230億円）を払わなければ拘束している日本人2人を殺害すると脅す映像がインターネット上に公開され、その後解放に向けさまざまな努力がなされたにも拘わらず、2人共殺害されるという残念ながら最悪の事態になってしまいました。

他方国内では昨年末の11月の衆議院解散、選挙での与党自民、公明両党の圧勝、それを受けて12月24日第三次安倍内閣が発足しました。解散権は総理の専権事項とみなされているとはいえ、国会では自民党が圧倒的な勢力を有しながら、かつ任期満了までには任期半分のあと2年もあるのに何故と、素人目にはよく理解出来ない突然の解散でした。ただまあ政治は水物とかよく言われ、一度下降気味になると、ボールが坂から転げ落ちるように止められなくなることが往々にして見られますが、女性重視との観点から任命した5人の女性大臣のうち、2人の大臣までがいろいろ物議を醸し、その他いろいろな事情もあり、このまま続行していたのでは、最悪の場合そのような事態にもなりかねない、それなら野党陣営内のゴタゴタから選挙準備の整っていないうちにやろうと、総理周辺では決して突然ではなく、かなり前から解散の時期を伺っていた気配がありました。この突然の解散については元東大総長の某政治学者が月間誌の中で「(確たる大義名分もないのに) 延命目的でしかない解散は日本政治史の禍根となる。安倍総理よ、驕るなかれ」と痛烈に批判されています。そういった政策論の他、内閣不信任案が可決又は信任案が否決されてもいない中、勝手に衆議院を解散する権利が果たして憲法上総理に認められているものか否かというそもそも論もありますが、それはそれとして解散はなされ、自公圧勝の中、第三次安倍内閣が発足しました。

筆者の思い違いかも知れませんが、安倍総理、選挙期間中はいわゆる経済政策「アベノミクス」、消費増税延期等を全面に出し、本来はこういった経済政策に勝るとも劣らない重要問題であると思われているに違いない集団的自衛権、憲法改正、農協改革、原発再稼働問題、日本の伝統に基づく道徳重視の教育改革、特定秘密保護法運用等々の諸点は選挙には不利だと思われたのか、あまり前面には出しませんでした。ただ野党がだらしなかった点も大いにありますが、国民はその点皆よく分かったうえで自民党に投票したのでしょうから、勝利した以上思う存分実現したい政策を実行するよう努力されたらいいと思います。総理というポスト、なろうと思っても誰でもなれるものではありません。安倍さんの場合、運も味方したのでしょうが、一度放棄した総理の座に返り咲き、二度も総理の座についている訳ですから。安倍首相に関しては、進歩を疑い、歴史に学ぶ欧州流の保守と、進歩を信じ、革新を追う米国流の思想が混在しているのではと論ずる学者もいますが、保守とか革新とか色分けしてもあまり意味のあることとは思われず、要は国民全体の生活福祉向上のために有効な政策を迅速に実行して頂きたいものです。

今年は戦後70年という節目の年です。安倍総理はよく「戦後レジーム（体制）

からの脱却」を目指すと言われます。その思いの中にはいろいろな事があるのでしょうし、ひょっとしたら私が考えている事とは趣を異にする点もあるのかも知れませんが、私としても大賛成です。ここから先は私の持論ですが、日米間には、1960年に改定された日米安保条約という条約があります。これは戦後日本がまだひ弱であったという特殊事情や、東西冷戦のなかにあって、日本国内に米軍基地を認め、日本を守ってもらうと共にソ連、中国などに睨みをきかすのが目的でした。ただその時から既に半世紀以上も経ち、内外客観的情勢は当時とは大きく変わっている現在においても、そういった片務的な条約の存在を認め続けるべきかどうか、多分に疑問です。今やわが国はG7、G20のメンバーでもありながら、自国の防衛の大半は米国に依存しっぱなし、日本国土の上空でも米軍機の飛行は自由、基地の米兵が日本国内で犯罪を犯しても、基地に逃げ込まれれば治外法権を盾に手も足も出ないといった国が世界のどこにあるでしょうか。日本は独立国家です。確かに米国とは、防衛力、経済力、外交力など力の差が歴然とあるのは否めません。それはそれとして認めざるを得ませんが、だからといって今のような状況を認めることとは次元が違う話です。昔私が勤務していたことがありますフィリピンなんかを見て下さい。まあ我が国とは歴史的な背景等に違いはありますが、米国が同国に持っていたスービック、クラークといった基地なんかは、米国が借地料をフィリピンに払って認められてたもので、日本が「思いやり予算」などのお金を払ってまで基地を置いているのとでは、根本的に発想が異なる訳です。ただその改善の為には、某元東京都知事のように「ＮＯといえる日本」と口だけで叫んでいるだけでは何らの解決に資しません。戦力などに差はあるにしても、法的には原則平等対等な立場に立ちものが言える状態に日本を戻さねばなりません。

集団的自衛権の行使容認（これに加えて、武器輸出三原則の撤廃、ＯＤＡ他国軍支援解除をもって、安倍政権の外交・安保政策の３本の矢という人もいますが）、憲法改正問題等もそれとの関連で捉えられるべき事項だと思います。

憲法改正問題について言えば、１９４６年11月に現行憲法が公布されて以来、69年間も一字一句改正されたことのない憲法を有している国は非常に稀で、世界で４カ国のみとか言われています(もっとも憲法はその国の法体制の根幹をなすもので、中南米諸国などのように、一般法同様頻繁に憲法改正を行うのもかなり問題ではありますが)。現行憲法については、占領下の押しつけ憲法であるとか、英文が最初に出来、それを和訳したものだとかいろいろ言われています。改正には手続き面にもいろいろハードルがあり、そんなに簡単ではありませんし、9条の問題にだけ焦点が当てられる傾向がありますが、環境権の問題とか、69年前の日本では夢想だにしなかった諸問題が発生している訳ですから、早急に具体的な検討を開始すべきだと思います。

最後に、結果的には安倍内閣は国民の圧倒的支持を得ました。

ただそのことは、橋下大阪市長がよく言うように、選挙、つまり民意が得られれば何をしてもいいという「選挙至上主義」を認めることでは全くありません。また選挙結果は必ずしも多数派の正しさを保証するものでもなく、民主主義の基本は「他の人の方が自分より賢いかも知れないと考える心の準備」とも言われていますし、宰相に求められているのは、「分断ではなく国民的な合意形成に向けて、異論や反論を粘り強く包み込み、融和を図っていく覚悟だ」と言った人がいますが、まさにその通りだと思います。

対立構図の中で行われた滋賀、沖縄、佐賀での知事選挙、いずれも自民支援の候補が敗れました。この結果など総理周辺では如何に捉えられているのでしょうか。

首相という天井人の人物評価をさせていただくのもどうかとは思いましたが、そこは同郷の誼ということでお許しを願うこととして、過去には必ずしもそうではなかったような気もする首相が何人かおられましたが、安倍首相は総理としてかくかくのことはやり遂げたいという固い信念をお持ちのようです。是非在任中にそれらをやり遂げて頂きたいと思いますが、野球で言えば大飛球でも外野席から大きくはずれ、左右両側に飛び出す大ファウルボールにならないことを願うばかりです。

19　国連大学設立の裏話

平成27年5月記

今回はちょっと趣を変えて、東京都渋谷区の青山通りにある国際連合大学（国連大学）について、その設立秘話というか裏話をしてみたいと思います。いきなり国連大学といわれても、多分多くの方はその実態はおろか存在すらご存知ないのではないでしょうか。

この国連大学、実は唯一日本に本部がある国連の機関です。その設立経緯については、今から遡ること43年前の１９７２年の国連総会決議に基づき設立され、翌１９７３年の国連総会で「国連大学憲章」が採択され、その本部を東京首都圏内に設置することが決定されました。

現在でも同様ですが、当時西欧先進国には、ニューヨークには国連本部、ワシントンには国際通貨基金（ＩＭＦ）、パリにはユネスコ、ロンドンには国際海事機関（Ｉ

ＭＯ）、ローマには国連食料農業機関（ＦＡＯ）、ジュネーブには世界保健機関（ＷＨＯ）、国際労働機関（ＩＬＯ）等々と国際（国連）機関の本部が設置されているのに対し、国際化、国際化と国際都市を自負している東京にはそういった本部は何もない。何とか一つくらい日本、特に東京に持って来れないものかとの機運が高まっていました。当時私はニューヨークにある国連日本政府代表部（国連における日本国大使館と思って頂ければいいです）に書記官として勤務しており、その担当業務の目玉としてこの国連大学がありました。

そもそも国連大学とは、１９６９年に当時のウ・タント国連事務総長（ビルマ、現ミャンマー出身）が、国連総会でその創設を提唱されたもので、たぶん当初は大学という名の如く、世界各国からの教授、学生などが集う伝統的な意味での「大学」を想定していたのだと思います。ただいろいろ議論を重ねていく過程で、米国、英国、仏等主要国が伝統的な意味での「大学」設立に消極的で、ソ連、その影響下にあった共産諸国に到ってはその設立自体にも消極的でした。他方、我が国本国政府からはどういう手段を使ってでもいいから、なんとしてでも「大学」をまず設立し、その本部を東京に持って来いとの強い訓令（厳命）が我が国国連代表部に寄せられていました。ただこれらを実現するには、国連ならびに共同パートナーであるユネスコ加盟各国の賛同が得られなければなりません。いかなる手段をと言われても、当然のことですがまさか金品で各国を買収する訳にもいかず、唯一出来る事と言えば、食事などに招待して、こういった国際的な大学設立の意義、そして本部を東京に招致することの意味を縷々《るる》説明し、賛同が得られるよう働きかけをすることでした。従って、もう時効でしょうからお話ししますが、私はニューヨーク、パリ間を往復し、日夜、和・洋高級レストランに各国代表を招待して働きかけを行いました（戦後の食糧難の時代ならいざ知らず、飽食

国連大学本部

の時代にちゃちなレストランに招待したのでは、招待された側にしてみれば何だか馬鹿にされたようで逆効果です）。現代の風潮からすれば、税金の無駄使い？といって怒られるのかもしれませんが、たとえ仕事の一部とは言え、こんなに毎日カロリーの高いご馳走、高級ワイン、日本酒等を頂いていては、こちらがフォアグラになってしまうのではと心から心配したり、たまには茶漬け、ざる蕎麦を食べたいなあと何回思ったか知れません。まあそういった努力の甲斐もあってか、一応「大学」は出来、本部を東京に招致することには結果的には成功しましたが、とにかく大学を設立し本部を東京にという至上命令があったこともあり、その実現の為に妥協に妥協を重ね、伝統的な意味での大学とは程遠いものとなり、個人的には忸怩《じくじ》たる思いがあるのも事実です。

くどいようですが、この国連大学は「大学」とはいっても当初は、キャンパスがあり、教授、学生が集う普通の概念での大学ではありませんでした。では何をしている所かというと、まあいろいろな研究を行うための行政、研究機関とでもいったらいいのでしょうか。具体的には世界各国の大学、研究機関などと連携・協力関係を結び、資金協力等を通じ、人類の存続、発展及び福祉等に係わる地球規模の諸問題についての研究、人材育成及び知識の普及等を行ったり、東京、青山にある大学本部では、去る3月16日に国連創設70周年を記念して安倍総理が行ったような講演会、セミナー等が開催されています。ただその後2009年には国連大学憲章が改正された結果、大学院の設置が認められ、修士、博士号を取得することが可能になった他、今年3月には国内においては日本の大学院と同等の扱いを受けられるようになりました（その他活動状況等詳細は国連大学のホームページを検索して頂ければと思います）。

ちなみに国連大学本部ビルは、土地は東京都が無償提供、建物の建設費用は日本政府が負担して出来たものです。また大学の財源というか活動資金も、名前は「国連大学」と名乗ってもいいが、国連の通常予算からは一銭も出さないよという、これまた妥協の産物で、各国政府、ならびに国際機関、その他公共団体、民間、大学、個人など非政府財源からの任意拠出金によってまかなわれています。当初は本部招致に成功したこともあり、ほとんど全額に近い額を日本は拠出していましたが、現在は年によってばらつきはあるものの、拠出率はほぼ30〜40%前後で、続いてドイツ、マレーシア、英国、オランダ等々となっています。ちなみに2013年の総資金額は約55億円で、各国政府から45億円、その他から10億円となっています。これは余談ですが、本部も学長も日本と言うのでは「国連」ではなく「日本」の大学になってしまうということで、我が国が米国と並んで大口出資国たるアジア開発銀行（本部はマニラ、その代わり総裁は常に日本人。今中国が設立を主導しているアジアインフラ投資銀行との競合が取沙汰されている）の例とは逆で、本部は東京に持って来る代わりに、学長は日本人以外の人にするという暗黙の了解があり、初代学長には米国人を据えれば米国政府も多額の拠出金を出してくれるのではとのある情報に基づく期待のもとに、ヘスターというニューヨーク大学の学長さんだった人に就任してもらったのですが、誠に甘い期待で、米国政府からはほとんど資金面での協力は得られていない筈です（２０１３年の米国拠出率はわずか０・２％）。

最後に、国連大学の話になると元国連事務次長の明石康さんの名前がよく出てきますが、まあそれはいいとして、明石さんは当時、国連事務局のナラシムハンという国連事務次長の下での国連大学設立問題担当、筆者は日本政府（国連日本政府代表部）の担当として、日夜二人でいろいろ各国政府対策を考えたり、鉛筆を舐めつつ国連決議案の案文を練ったりといろいろ苦労したことがつい昨日のことのように懐かしく思い出されます。

20　若王子三井物産支店長誘拐事件の教訓

平成27年夏記

先日ＴＢＳテレビの「上田晋也のニッポン過去問（三井物産マニラ支店長誘拐事件）」という番組に出演して来ました。この事件は多分多くの方には未だに記憶に残っていると思いますが、今から遡ること29年前の１９８６年（昭和61年）11月に、当時三井物産マニラ支店長であった若王子信行さんが現地で何者かに週末のゴルフ場帰りに誘拐され、日本国内大騒ぎとなり、１３７日後の１９８７年３月31日に無事解放された事件です。

この事件より以前にも類似の事件は何件か起きていますが、なぜこの事件がこんなに大騒ぎになったかと言えば、誘拐されたのが一流商社の支店長であったことや、若王子さんの手前に差し出した右手中指が切断されたかのような残虐な写真が実行犯と思しき者から送り付けられたり（送って来た写真はトリックで、実際は切断されてはいなかったのですが)、結果的には解決にかなりの時間がかかった等いろいろ要因が考えられますが、「たかが一人の誘拐ではないか、フィリピンではよくある事件だ。何故こんなに大騒ぎするのか」との当時のフィリピン関係者の感触を俟つまでもなく、ある意味では必要以上に日本のマスコミが大騒ぎしたこともその大きな要因だと思われます。

私は当時、在フィリピン日本国大使館の公使兼総領事をしていた関係上、現地でのいわば救出作戦の陣頭指揮を取ることとなりましたが、若王子さんとは日頃からゴルフ、お酒、麻雀など個人的にもいろいろお付き合いをさせて頂いていたこともあり、公使・総領事という職責からだけではなく、個人的にも何とかして無事救出しなくてはと、誘拐されている間、日夜心を砕き解放に向けて最大限努力をさせて頂きました。まあともあれ結果的には無事解放され、本当に良かったと思いますが、ここで事件の全容を述べることは紙面の都合上不可能ですので、事件発生から29年も経過した今改めて思う幾つかの事を掻《か》い摘《つま》んでこのコラムを借りて申し述べてみたいと思います。

この事件については外務省発行の「海外における脅迫・誘拐対策Q&A」なる小

冊子にもそのような趣旨のことが書かれていますが、この事件が、海外における日本企業の危機管理のあり方、重要性を痛感させるきっかけになったことは事実だと思います。それまでは海外における日本の企業は経済的収益に重点をおき、企業だけではなく日本政府、特に外務省ですら危機管理についてはあまり意識して来なかったような気がしますが、この事件後は外務省内、会社内などで危機管理を専門に扱う部署を設けたりと本腰で危機管理対策を総合的に考え始めたような気がします。

では誘拐事件の被害者にならない為にはどうしたらいいか、日頃から目立たないようにしろ、用心を怠るな、毎日の通勤ルートを変えるなどして行動が予知されないようにしろとか、前述の外務省の小冊子にもいろいろ具体的な事例を挙げて書かれていますが（ご関心のある方はぜひ一読してみて下さい）、こんな事を言うと全て水を差すような事になってしまいかねない事を敢えて構わずに申し述べますと、勿論誘拐の動機とか誘拐犯の規模等にもよりますが、誘拐犯はほぼ必ず捕まる日本とは全然異なる国では、機関銃を構えた何人かのガードマンに常に前後を守ってもらわない限り、１００％誘拐を阻止することは不可能です。誘拐の動機と言いますか目的には大きく分けて政治・宗教的目的・私怨・単なる金銭目的などが考えられますが、機関銃を構えたガードマンとは言っても、総理といった要人でもない限りまあ普通の人には駐在国の警察・軍はそのような措置は取ってくれないでしょうし（もっとも国によっては警察・軍なんて信用出来ずかえって危険な面もあり、私なんかもマニラでつけていたガードマンは警察・軍からの派遣ではなく、私が心から信頼する民間ガードマン会社に依頼していました）、では例え自分のお金でやるからとは言っても、現実問題としてそういった事をする事はいろいろな意味から不可能に近いと思います。

そこで万一誘拐されたらどうするか。それは前述したように誘拐の目的が何であるかにもよりますし、誘拐犯がどういう連中なのかこちらで分かっている場合とそうでない場合とではその対処方法には差があるのは当然です。若王子事件の場合は、手紙とか電話で犯人と名乗る人物からある時は一日に何回と、ある時は数週間も間を置いてとイレギュラーに連絡が来ましたが、果たしてそれらが本当に真犯人からなのか、また彼らが言っている事をどこまで信用していいのか等を見分けるには時間がかかる訳です。解放までどうして１３７日もかかったのかといろいろ言われましたが、「無事解放」を全ての前提条件とする限り、変な言い方かも知れませんが、解放交渉の過程で犯人グループとの間で信頼関係みたいなものをそれなりに築く事が必要で、その為にはある程度時間がかかってもやむを得ない事です。

これに関連して是非言及しておきたい事があります。この若王子事件とか類似の事件というのは、その勤務している場所の危険度には勿論差はありますが、一部の例外はあるものの、被害の対象となる人は大抵皆個人的な動機のみで仕事というか行動しているのではなく、会社の為、国の為に働いている方なのです。それに反して、先般過激派組織「イスラム国」に誘拐され殺害された二人の日本人のような場合、入らんとしている地域は日本国大使館も一時避難しているくらい危険な地域だから行かないようにと再三警告したにも拘わらず、自己責任とか言って、何かあったら自分が責任を取るから心配するなというようなことを公言して入って結果的には殺害された訳です。自分が責任を取るからと言われても、法的にそのような行動を阻止することは現状では困難ですし、いざ事件発生となると、現実問題として、「それ見ろ、行くなと言ったではないか。俺は知らないよ」と日本政府として言えるでしょうか。それは絶対に言えません。無事救出のためには、いろいろな外交問題が生じること以外に、莫大な時間・お金・労力などを使わざるを得ないことになる訳です。厳しい冬山に登山する人、ヒマラヤ登山を試みる人、北・南極走破を試みる人、こういったいわゆる冒険家と前述の外国の危険地帯に入らんとする人たちを一緒に論ずるのは適切ではなく、そのつもりもありませんが、冒険家の場合も、たとえ自己責任とかで行動したとしても、万一遭難した時には、自衛隊・警察・家族・友人の方々は自己の危険もかえりみず救助に向かわざるを得ない訳で、周囲に多大の迷惑をかけるという意味では同様のものがあります。ただ冒険家の場合、身代金を要求されたり、政治犯釈放を求められたりすることはまずないので、まあ人生の趣味とか生きがいとかロマンとかで片づけられ、許容範囲の行動なのでしょう。それに反し、亡くなられた方にこんなことを言ってはいけないのかも知れませんが、取材出来ないような危険な所で何が現実に起きているかを報道というか一般の人々に知らしめることは社会にとって必要かつ使命なんだとご本人達は言われるのでしょうが、それはあくまでも自己満足の域を脱していない行動であると筆者には感じられ、いろいろ異論もあるかとも思いますが、その事を肝に銘じて行動すべきだというのが私の結論です。

21　総理としての責務

平成27年冬記

やっと長い蒸し暑い夏が終わり、秋を飛び越え冬らしさが漂って来ました。地球温暖化のせいなのか、今年の夏は特に暑かったうえに、多発する台風、「これまで経験したことのないような」記録的な大雨、箱根（大涌谷）、阿蘇山の噴火等々、この世の終焉もあながちそう遠いものではないと思わせるような異常気象の連続でした。

さて特に夏、今年がその節目に当たるという話が多かったような気がします。第二次大戦終結から70年、国連創設70年、全国高校野球選手権大会が始まってから１００年、東京六大学野球は90年、乗員・乗客合わせて５２４人のうち生存者はわずか４人という当時最大の航空機事故と言われた日航ジャンボ機墜落から30年等々です。

戦後70年に関しては、丁度国会で審議中であった安保関連法案とも相まって、8月14日に出された安倍首相談話に関心が集まりました。過去に戦後50年には村山談話、戦後60年には小泉談話が出されていますが、別に節目の年に首相談話を出さねばならないというルールがある訳ではなく、日本を取り巻く国際情勢が微妙な折、果たして敢えて安倍談話を出す必要があるのかとのそもそも論もありましたが、結局は出されました。出すに当たっては、村山談話や小泉談話が触れた談話のキーワードたる「侵略」「植民地支配」「痛切な反省」「心からのおわび」なる文言が果たして入るのか、入るとしてもどういう文脈で入れられるのかに最大の関心が集まりました。

同じようなコメントが多くの新聞、雑誌、テレビ等でなされていますが、率直に申し上げて、大山鳴動、鼠一匹も出ずとでも言いましょうか、前述の4つのキーワードは全て盛り込んではありますが、微妙な対中国、韓国、米国関係等を考慮し、また安保関連法案審議の最中であったことや、それとの関連でやや支持率低下気味であったこと、さらに9月に予定されていた自民党総裁選（9月8日、無投票で再選）等々をも考慮してか、更には某大新聞の〝妖怪〟から圧力がかかったとか巷ではいろいろ言われていますが、結局は間接話法や引用を駆使し、本来の安倍首相の自説を押し殺しているとの印象を受けました。この事が、やれ腰砕けだとか、焦点がぼけて何を言わんとしているのか分からないとか、一部週刊誌がコメントしているように、今回の安倍談話をもって「鵺《ぬえ》」だと評する向きもありました（鵺とは平家物語にも登場する日本古来の妖怪で、サルの顔、タヌキの胴体、トラの手足、ヘビの尾を持つところから、得体、正体の不明な人物や物事を指すと言われています）。

でもこれが果たして正しい評価と言えるでしょうか。従来からの安倍首相の言動から慮れば、これらの問題につき安倍首相が個人的には心の中でどういうお考えをお持ちなのか、みんな知っているところです。ただ一個人としての言動と、日本国民の命、暮らしを守る最高責任者たる総理大臣としての言動とには自ずと分別に基く違いがなくてはならず、そう言ったことから熟慮に熟慮を重ねたうえでの今回の首相談話であったと思われ、妥当な内容ではなかったでしょうか。個人的に本人が思っておられる事は、総理ないしは国会議員退任後一私人になられた時にでも思い切りどこかで語られたら如何でしょうか。

ただ談話の中に、「あの戦争には何ら関わりのない、戦後生まれの世代、私たちの子や孫、そしてその先の世代の子どもたちに、謝罪を続ける宿命を背負わせてはなりません」という行がありますが、これなどは精一杯の「安倍カラー」ではなかったでしょうか。それぞれの国内事情はあるにせよ、いつまでたってもやれ侵略を認めろだとか謝罪しろとか過去のことばかり言っている国が近くに2、3存在しますが、どうしてもっと前向き未来志向な外交が出来ないものかと常々思っている筆者にとっても、溜飲が下がる思いです。

日ソ中立条約を一方的に破棄しての日本への侵攻、57万人もの日本人が捕らえられその内5万人以上が亡くなった過酷極まりない日本人シベリア抑留等々（因みにこのシベリア抑留については、その関連資料「舞鶴への生還」が先日、ユネスコの世界記憶遺産に登録されました）、我が国にとり、中国、韓国とはいわば逆の立場にある某北の国には我が国としても言いたいことは山程ありますが、まあそこは大人の外交をしている訳です。

この夏に起きた諸々の出来事の中で看過してはならないのは、8月11日に再稼働した川内原発です。異常に暑かった今年の夏、過去数年のように節電を呼びかける声はほとんど無く、熱中症対策としてむしろエアコンの使用を各所で奨励していましたが、そんな状況下原発ゼロ稼働でも電力は十分賄えているのに、東日本大震災後に出来た新規制基準を満たしているとはいえ、何故今再稼働なのかとの国民世論も強かったと思います。

ただ電力供給問題についてはそんなに簡単な話ではなく、今電力が足りているのは、石油、天然ガス、石炭からなる火力発電をフル稼働しているからで、それには電気料金アップの問題以外にＣＯ２排出問題など、諸問題がありますが、電気料金アップに関しては、もしお金で原発廃棄が可能になるものならみんなでそれを負担すれば済むことです。ただもっと大きな問題は、我が国が石油、天然ガスの殆どを海外からの輸入に頼っていることです。これらが今十分な供給が得られているからといっても、これから将来その安定的供給が保証されている訳では決してないという根本的問題が絡んでいる訳です。従来の原発による電力供給分を全部、太陽光、風力、地熱等で賄うのは物理的に不可能ですから、万一の事態に備えて、当面はある程度は原発に頼るのも致し方がないとは思います。

ただいくら認可規制を厳しくしても、また「想定外」との一言で片付けられかねない事態が有り得ることを考えると、やはり最終的には例えば10年後、20年後の原発ゼロを目標とした具体的なロードマップ作成にもっと真剣に取り組むべきです。それには、例えば、我が国天然ガス消費量の100年分に相当するメタンガスハイドレート（燃える氷）なる資源が日本近海には存在しているとも言われていますが、政府としてこれらの資源開発、実用化に向けて、もっと抜本的な予算を組むべきではないでしょうか。

原爆と原発とではその成り立ちは異なりますが、放射線による被爆（曝）者にとっては同じ事です。某新聞の最近のアンケート調査によると、広島、長崎に原爆が投下されて70年にもなる今でも、被爆者の半数以上の方が、健康状態が悪くなると放射線の影響ではないかと不安になると回答されている由です。長年日米共同放射線影響研究所の活動に関わり、その現場を実際にこの目で見たり、被爆者からその心情を直接聞いてきている筆者として、この方々の不安は痛いほどよく分かります。

最後に、集団的自衛権を行使出来るようにする安保関連法案は、紆余曲折を経て9月19日未明国会を通過し成立しました。この法案に対する安倍首相の思い入れは並々ならぬものがあり、これは「戦後レジームからの脱却」を唱える安倍首相の信念の一つで、前述の安倍談話とも密接な関係があると思います。更に米軍普天間飛行場の移転計画を巡る政府と沖縄県との対立等々諸問題がありますが、紙面の都合上また折をみてこのコラムで取り上げてみたいと思っています。

22 「幸せ」とは何か

平成28年春記

遅ればせながら新年明けましておめでとうございます。皆々様にとり今年も良い年でありますことを心よりお祈りしています。さて今回は新年に因んで政治、経済といった硬い話からちょっと逸れたお話をしてみたいと思います。

私事ですが、昨年私の郷里の某私立高校から講演依頼が舞い込んで来ました。よく文武両道とか言いますが、その高校は、武つまりスポーツの面では、女子バレーボールで全国制覇を成し遂げる等、超一流のレベルですが、文つまり進学率など学問の面では、今一つと言うか今二つ、三つといった感じの学校です。そこで私に対する講演依頼と言うのは、文の面でもっと頑張るよう生徒達に「発破を掛けてくれ」ということでした。講演を引き受けたのはいいけど、発破を掛けろと簡単に言われても、ただ「君たちもっと勉強しなさい」と言うのは簡単で、それは数秒で済む話ですが、それでは700名の生徒達を前にした与えられた2時間の講演の体を成していません。そこで、「勉強しようとすまいと自分の勝手ではないか」と言わせない為に「何の為にもっと勉強しなくてはならないのか」という基本的な話から始めなくてはといろいろ考えました。私のたどり着いた結論には専門の教育者からすれば多分異論もあるかとは思いますが、批判のある事を恐れず敢えて述べさせて頂きます。

人間、常日頃どれだけ意識しているかは別にして、不幸になりたいと思っている人はまず皆無で、皆誰でも幸せ、つまり幸福になりたいと思っている筈です。冒頭に述べました「今年も良い年でありますことを…」というのも、そういった事を指している訳です。そこでそういった幸せを得るには、勿論自分自身の努力も必要ですが、努力だけではどうしようもない面が多々あり、素敵な人との出会いや素晴らしい環境の中に置かれてこそ幸せが生まれてくる事が多いのではないでしょうか。

その為には、初めから何も目標を持たなかったり、目標を持っていたとしてもいたずらに低い所に定めるのではなく、出来るだけ高いレベルの学校、職場に入り、その中で育まれ、素晴らしい人達との出会いが必要なのです。

人間若い頃は「つきたての餅」みたいなもので、その餅がまだ柔らかいうちは丸くするのも四角にするのも自由自在で、その後の環境次第でどうにでもなる。だから兎に角まず勉強しなさい。そしてそう言った経験を経た上で、晴耕雨読の生活を選ぶか、権力闘争、お金至上主義の生活を選ぶか最後は自分で決めればいい。そうすれば自ずと自分に最適な人生に出くわし、幸福な人生が送れるようになるのではないかといった事を生徒達に話した次第です。

次にでは幸せというか幸福とは一体何かという問題に直面する訳です。

数年前にブータン国王夫妻が来日された際、誰がどういう計算をしたのか知りませんが（もっともそれとの関連で、今年の箱根駅伝で二連覇を成し遂げた青山学院大学の監督が、ハッピー指数３００％だとか言って喜んでいましたが、その数字ですが、昨年プリンストン大学の教授がノーベル経済学賞をもらった受賞功績の一部に、「幸福度」を計数化する方式を編み出したような事が新聞等に書かれてはいましたが…）、ブータン国民の「幸福度」は世界一だとか言われました。

私はアフリカを除けば世界の殆どの国に行きましたが、残念ながらブータンには行ったことがないのであまり偉そうな事は言えませんが、多分当時のブータンという国は、私が幼少の頃の私の故郷、瀬戸内海の周防大島という島と似たようなもので、電気位はありましたが、当時は当然のことながらテレビなし、映画館なし、夜になると決まったように夕食を取り後は寝るだけという、全く同じ事の繰り返しの毎日でした。ですが、島の人達は人生というものはそういうものだと皆思い込み、特に文句、不平なんか言う人は皆無だったような気がします。私のおふくろなんかもその典型的なパターンでした。

私の友人に数年前に亡くなった落語界の巨匠立川談志師匠がいますが、彼は私が外国勤務になると、冥途の土産にとか言ってよく遊びに来ました。

ある時師匠が日本には全然ないような凄く未開な所に行ってみたいと言うものですから、電気も何もないある小さな島を探しそこに行ってもらいました。

その島は私の島なんか比べようもないもっともっと未開なところで、そこの住人といえば何の娯楽もない所で、一生兎に角起きて食べて仕事をし、夜になると寝るという生活の繰り返しな訳です。それを目の当たりにしてさすが変わり者の談志師匠もそこの住人に、あなた達「退屈」ではないのかと聞いたそうです。返って来た返事は退屈とは一体どういう意味なのかと逆に聞き返されたそうで、これには俺も参ったよとか言っていましたつまり別の社会、世界を知らないものですから、皆今置かれている生活に満足し、つまり幸せなんです。ところがそのうちテレビ、携帯電話、ネットなど文明の利器が普及してくると、別の世界がこの世には存在するのだということにはたと気づき、自分の今の生活に不満が生じ始める訳で、多分今のブータンの人達の幸福度は当時に比べ大分下がっているのではないでしょうか。

幸せというとまず誰でもが思うのは、社会的に立派な地位を占め、権力を有し、大金持ちで大豪邸に住み、毎日何ひとつ不自由のない生活を送れる人の事を想像します。だけど、そういった人達が本当に幸せなのでしょうか。

昔私はフィリピンに4年余り住んだことがあります。フィリピンに限りませんが、開発途上国には大抵貧者の住むスラム街なるものがあります。そのフィリピンのスラム街に住んでいる人達を見ていますと、あの国には、バナナ、マンゴー等の木が至る所にあり、また海に潜れば魚がとれるという、生活維持の基本的な面がいわば保証されている利点はありますが、別にお金なんか特に無くたって至って明るく、毎日人生を楽しんでいます。

他方お金を持ちすぎているが故に、会社内の地位、相続財産などを巡る骨肉の争い等が生じ、ひどい時には殺人事件にまで発展する例をよく耳にします。ですからちょっと両極端な例かも知れませんが、果たしてどちらが幸せなのか一概には言えないのです。お金に縁遠い私がこんな事を言うと、持たざる者の痩せ我慢みたいに聞こえるかも知れませんが、要はいろいろハイレベルでの経験を経た上で、今ある状態になっているのであれば、それを甘受することが一番幸せなのではないでしょうか。

幸せとは自分で掴み取るものです。後は読者の皆様のご判断にお任せします。

23 フィリピン、イメルダ夫人

平成28年5月記

天皇、皇后両陛下は去る1月26日から30日まで4泊5日の日程で、今年が日・フィリピン国交正常化60年という節目の年であることもあり、両国間の友好親善関係増進と太平洋戦争戦没者の慰霊のため、歴代天皇として初めてフィリピンを公式訪問されました。両陛下にとっては、皇太子ご夫妻時代の1962年に昭和天皇の名代として訪問されて以来、54年ぶりのフィリピンご訪問であった。両陛下の「慰霊の旅」は、国内では戦後50年での長崎、広島、沖縄に始まり、海外では戦後60年、2005年のサイパンご訪問、戦後70年、昨年2015年のパラオご訪問に次ぐ3回目が今回のフィリピンご訪問である。海外での日本人戦没者数は、中国での約71万人、（私のおやじもその一人）を筆頭に、サイパン、パラオを含む中部太平洋で約25万人、フィリピンでは約52万人と言われており、「慰霊の旅」として残されているのは、中国を除けば、主なところでは約14万人と言われているミャンマーのみとなっている。宮内庁関係者等が述べているように、天皇は戦場となった所へ直接赴き、頭（こうべ）を垂れ、慰霊したいとのお気持ちを強くお持ちの様で、そのお気持ちには頭の下がる思いです。今回の「慰霊の旅」の詳細については、新聞、テレビなどの報道で皆様よくご存知でしょうから省略しますが、アキノ大統領が出迎えだけでなく見送りにまで空港に来られるという異例の厚遇であった。

フィリピンと言えば、私は１９８３年から87年までの約4年の長きにわたり在フィリピン日本大使館公使兼総領事として勤務した事があり、その間、マルコスからコラソン・アキノ大統領への政変（いわゆる「市民革命」）や若王子三井物産支店長誘拐事件に代表される諸々の事件に遭遇するなど、フィリピンとは切っても切れない何か因縁めいたものを今もって感じており、フィリピンに関しては前記二大事件も含め今までもいろんな所でテレビ出演、講演や書き物にさせて頂いていますが、今回は今まではあまり触れたことのない裏話めいた話を2、3させて頂きます。因みに今回両陛下を温かく迎えて頂いた現アキノ大統領は、この「市民革命」の中心人物たる故コラソン・アキノ大統領の長男である。

この話はよく知られている話ではありますが、終戦直後のフィリピンでは反日感情が物凄く強く、日本人とフィリピン女性との間に生まれた日系人は、フィリピン人からの報復を恐れ、自分に日本人の血が混じっている事をひたすら隠していたのを、海野さんというシスターが大変ご苦労されて、やっと出自を公に出来るまでになりました。日系人にとってはいわば神様みたいな存在のその海野さんを蔭で支え、今回現地で陛下にお会い頂いた日系人会連合会前会長カルロス寺岡さんは、私と同郷、山口県周防大島（屋代島）の出身です。

日本の外務省が行っているプログラムの一つに、各国の将来有望な中堅指導者を日本に招聘して、日本を直に見て頂き、今後の友好親善関係増進に役立てたいとするものがあり、その対象と考えていた一人に当時の外務次官がいました。彼にそのプログラムの話をしたところ、前向きの返事はするのですが、いざ具体的な訪日の日程の話になると中々決めてくれないので痺れを切らし、ある日一杯やりながら話をしようと彼を引っ張り出しました。そこで酒で酔った勢いもあったのでしょうが、彼の口からは意外な事が出てきました。彼曰く、実を言うと自分の父親はある日突然日本の憲兵隊（因みにこの「ケンペイタイ」という日本語は今でもフィリピンではそのまま通用します）に連行され、数日後紫の風呂敷に包まれた小さな木箱が無造作に家の窓越しに投げ込まれた。その中にあったものは、何を隠そうおやじのものと思われる遺骨であった。そういったおやじを持つ自分が果たして今、日本政府から招待されて、観光も含め日本で楽しいひと時を過ごして来ていいものか、何回もおやじの亡霊が夢の中に現れ、おまえ俺の無念な気持ちが分からないのかと、ハッと目が覚めるんだ。それが中々日程が決められない理由なんだ。自分は個人的にはもう済んだ事はきっぱり忘れ未来志向で行こうと思ってはいるんだけど。まあ概略そういう話で、結局はその外務次官は日本に行きませんでした。フィリピン人の対日感情は今では非常に良好のように見えますが、一皮剥けばフィリピン人、特にかなり年配の人の間にはそういった複雑な感情が残っていることを、我々日本人は決して忘れてはなりません。

最後に今から遡ること30年、フィリピンでは20年の長きにわたり続いたマルコス政権に代わり、いわゆる市民革命によりアキノ政権が誕生したことは未だ記憶に残っておられる方も多いと思います。当時マルコスは大統領4選を目指し、一時はマルコス勝利の認定が国民議会からなされたが、対抗馬のアキノ陣営からは集計結果はインチキであるとし、それを支持する多くの市民が体を張って街頭に繰り出し、内外からの圧力も加わり、結局はアキノ当選が認められたというのがその概略ですが、マルコスは外国に亡命することに最後まで抵抗。彼は生まれ故郷のルソン島北部、イロコス・ノルテ州に帰り余生を送りたいと強く主張。しかしこれにはアキノが強硬に反対。というのも、マルコスの出身地ではマルコスは神様であり、そこにはマルコスに忠誠を誓う数千の精鋭部隊がいまだ健在であったことからしても分かるように、マルコスのイロコス行きを認めることは内乱の可能性を意味していたからである。そこで筆者も一策を講じ、マルコスは当時病弱で普段人工透析を受けていたものだから、私は当時日頃から大変親しくさせて頂いていた（今でも親交がありますが）イメルダ夫人に、ここはフィリピンの将来の事を考えマルコスを何とか説得してくれと内々に強く頼みこみました。そこは流石イメルダ夫人、分かったと言ってくれ、最後までイロコス行きにこだわるマルコスに、多分、人工透析の際か栄養剤と偽って医者に睡眠薬を注射させ、眠らせたままでマラカニアン宮殿から米国のクラーク基地へヘリコプターで連れ出し、そこからハワイに連れて行き、目が覚めた時はハワイというスリラー映画の台本如き事が実際に行われたというの

大統領としての最後の姿、マルコス夫妻

が真相ではないでしょうか。いずれにせよ、1986年2月25日午後8時35分、遂に歴史的瞬間が訪れ、マラカニアン宮殿から米軍大型ヘリコプターが赤いランプを点滅させながら慌ただしく飛び立った時、20年に渡って続いたマルコス政権は終焉したのであった。

24 礼儀作法、躾《しつけ》とは

平成28年夏記

去る5月26〜27日にかけて伊勢志摩で開催された主要7カ国首脳会議、そして27日のオバマ大統領の歴史的広島訪問も無事終わり、関係者のみならず日本一般国民も同様ホッとしているところですが、6月末には英国のEU離脱という衝撃的なビッグニュースが駆け巡り、世界はまさに大きく変わろうとしています。

さていきなり私事で恐縮ですが、40年の長きにわたり外交官生活を送った筆者がよく聞かれる事に、「いろいろな外国に勤務してみてどの国が一番楽しいというか充実感があり住み良かったですか」というのがあります。外国には8カ国勤務しましたが（勿論40年間全てを外国で生活した訳ではなく、その半分以上は外務省本省勤務でしたが）、そういった質問に対する答えとして「自分はアフリカ、中東アラブには勤務した事がないので、その辺りのことはよく分からないが、独断と偏見であることをおそれず、ちょっと乱暴に話を単純化して言えば、欧州、米国のような地域とアジア諸国みたいな所とでどちらが落ち着いて住めるかということに集約されるのではないか」と申し上げているのです。勿論基本的には人それぞれの人生観によるところ大な訳ですが、言葉を変えて言えば、治安、風俗、習慣、礼儀作法等明らかに異なる点が多い外国に日本人が住む場合、そのいずれの土地により多く適応出来るかによるのではないでしょうか。

もっと具体的に申しますと、まあ最近はテロ事件等の関係で必ずしもそうとは言い切れない面がありますが、相対的には欧米では治安もよく、水道の水が飲める事に代表されるように衛生面でも日本と同じように特に問題はありません。それに比しアジア諸国では総じて治安も悪く、水道の水（氷）なども飲めないし、いろいろな風土病、伝染病もあり、そういった面からすれば欧米の方が一見住みやすいようにも思えますが、そう簡単には結論づけられないような気がします。凄いスピードでの西洋化により、最近はさほどではなくなっている面はあるものの、欧米と日本との間では習慣、風俗などで未だに異なる点が多々あります。全部挙げると切りがないので2、3に留めますが、例えば男女が挨拶する際に、おじぎではなく、そんなに親しい間柄ではなくても抱擁（ハグ）するとか、社交場では常に女性を立てるとか、麺類を食べる時に、特に蕎麦を食べる際にズウズウ音を立てる事にあまり違和感を感じない日本人が多いですが（むしろ音を立てるのが正道だと思っている人がいる位です）、こんな事を欧米でやったらお店から叩き出されます。つまり欧米に住んでいると、それまで日本で普通にやってきたことが出来なくなり、常に何か周りを気にしながら生活しなければならないという窮屈さがある訳です。要するに各人がどれだけ意識しているか否かは別として、何となく住まして頂いているとの感がある訳です。

これに比しアジア諸国で生活していますと（勿論アジア諸国と言っても皆それぞれ異なる風俗、習慣があるので、十把ひとからげに論ずることにはかなり無理がありますが）、日本人が例えそれらの国の風俗、習慣と異なるこれまでの自分のスタイルを押し通しても、それを何となく大目に見てくれるところがあり、あまりそういったことに気を使わないで気楽に生活出来るような気がします。私は個人的にはどちらかと言えばアジア諸国での生活の方が好きですが、どちらが好きかは人皆それぞれの人生観によるものと思われます。

最近の若い連中は「しつけ」がなっていないとよく言われますし、先般北海道で小学生男児が両親により置き去りにされ6日ぶりに無事保護された事件を契機に、親の子どもに対する「しつけ」のあり方が改めて問われていますが、前述の風俗、習慣の一部でもある日々の礼儀作法、生活態度、マナー、エチケットを教えるのが「しつけ」です。

岩波国語辞典によれば、「しつけ」には二つの意味があり、一つは「礼儀作法を教え込むこと」、二つめは「裁縫で縫い目が狂わないように、仮にざっと縫い付けておくこと」とあります。ただ現在よく言われる「しつけ」とは前者の意味で、漢字では「躾」と書き、まさしく身を美しくすると言う意味なのでしょう。

では一体礼儀作法等とは何だろうか。そしてそれを教え込む躾とは、何をもって躾というか、また躾の目的は何か、改めてよく考えてみるに、一見分かっているようでこんなに分からないことはないという事にハタと気づいてはいるのですが、発足37年にもなる「(社) 日本躾の会」の役員を長年仰せつかっていることもあり、分不相応なのは百も承知でこの際ちょっと躾とは何か整理してみるのもいいかなと考えた次第です。

礼儀作法とは具体的に何なのか、礼儀作法とは儀式であり、きまりですから、世界の国々、地方、宗教等によって多種多様で、具体的な例を挙げれば切りがないので敢えて申し述べませんが、人間ふれあいのあり方、来客時の心得、手紙の書き方、食事の仕方等々、我々がそれぞれの祖先から立派なものとして受け継いできた諸々の作法、儀式というものを日常生活の中で如何にきちんと履行するか、それを教えるのが躾だと思います。

では何のために大人、子どもを問わずそういった躾をしなければならないのか、つまりその目的は那辺にあるのでしょうか。

まあいろんな考え方があるでしょうが、掻い摘んで言えば、日々の生活の中で、それぞれの社会の文化を尊重しつつ、他人に不愉快な思いをさせたり迷惑をかけることなく、自分に降りかかってくる危険を回避し、健康で社会に順応して生きていけるように教育することだと思うのです。

そして逆にそういった教育されたことを人間社会の中できちんと履行する為には、なんと言っても各人が健康であることが必要です。健康であることは自分の為なのは当然ですが、他方同時に他人に不愉快、迷惑をかけないという他人の為でもあるのです。勿論健康な人が全て礼儀正しく作法に適《かな》った人であるとは申しませんが、作法を守るには必要最小限健康であることが求められるのではないでしょうか。

さて最後に、この小冊子「ＪＤＡ　Ｃｌｕｂ」も本号をもって休刊となる由ですが、約６年間24回にわたりこのコラム「時局講話」を担当させて頂き、その間拙《つたな》い文章にお付き合い頂きましたこと深く感謝しております。

東日本大震災時と同様、先般の熊本地震の際の活躍ぶりは言うに及ばず、今や自衛隊は災害時の際は勿論のこと、中国、北朝鮮の動き等我が国を取り巻く昨今の諸国際情勢を鑑みるに、我が国防衛上なくてはならない存在である事を国民は改めて強く痛感している次第です。

自衛隊諸君の今後益々のご活躍を衷心より祈念して筆を置かせて頂きます。

（了）

あとがき

本書は「まえがき」で述べた通り、自衛隊員向けの情報誌に、平成23年から28年までの6年間、24回にわたり、「時局講話」なる表題で執筆連載したものを、今回一冊に取りまとめて発刊したものであるが、その情報誌の発刊時期が必ずしもレギュラーではなく、ある時は毎月、ある時は数カ月の間隔が置かれる上に、執筆内容もその時々思いつくテーマで何でも結構であるから筆者に一任するとのことだったので、24回を通してその内容に一貫性が必ずしもなく、また与えられた各回の紙面も非常に限られたものであった為、申し上げたい事が十分に言い尽くされているとは言えない点まずお詫びしたい。

ただいろいろその都度思いつくテーマを取り上げている中で、「餅屋は餅屋」で、外交の面ではかなり突っ込んで意見を述べたつもりであるが、最終回から2年あまり経た今、やはりこの点はもっと突っ込んで述べるべきであったと思う点多々あるも、都合上一つだけに絞って取り上げさせて頂きたい。

それは核問題に対する我が国のスタンスの取り方である。原爆投下に至るまでの責任は那辺にあるかと言った問題はさて置き、原子爆弾が広島、長崎に米軍により投下され、直接の被爆者だけではなく、その二世、三世など子孫末代まで日本人に限らず、投下当時、広島、長崎にたまたま居合わせた米国人を含む外国人で、未だに放射線（能）被害で苦しんでいる人が何人いるか、考えただけでも背筋が寒くなるのは筆者だけではあるまい。放射線（能）被害と言えば原爆などの核兵器によるものだけではない。平成23年3月11日に発生した東日本大震災により生じた原子力発電所事故、いわゆる原発事故による放射線（能）被害。この二つの問題に対して我が国政府、我が国民は如何に対処すべきか、政府としては意図的にそういう姿勢を取っている面はあるにしても、無関心さが過ぎるのではと感じているのは筆者のみであろうか。

前者の核兵器問題については、我が国はG7、G20等のメンバーとして表向きは一応世界の大国並みの扱いを受けてはいるものの、自国の防衛は究極は米国に頼らざるを得ない状況だし、戦後73年経った現在でも日本中に米軍基地が多々存在し（特に沖縄）、米軍機は昼夜を問わず日本政府の許可無しにいつ何時といえども日本領空内での飛行は自由だし、基地に駐屯している米兵は日本国内で犯罪を犯しても、基地に逃げ込めば日本の警察は手も足も出ないという現実。先般トランプ米大統領が来日した際も、国賓として来日したにも拘わらず、大統領専用機が着陸したのは羽田でも成田でもない横田基地であった等々、同じ第二次世界大戦の敗戦国たる独、イタリアとは異なり、日本は米国にとっては自国の一部ないしは属国であるが如き扱いを受けているのが偽らざる現状であるが、これら諸悪の根源は、日本国内法が適用されない不平等な旧態依然の「日米地位協定」の存在である。例え防衛の面で依存する点があるにせよ、国家の主権はあくまで対等、平等でなければ、真の独立国家とは言えないのではあるまいか。

そういった問題の解決策の一つとして、日本も核兵器を保有すべしとの議論が根強く存在しているのも周知の事実である。北朝鮮みたいな小国が米国のような超大国と一見対等な立場で交渉に臨み得ているのも、北朝鮮が核爆弾保有にとどまらず、それを米国の東海岸にまで飛ばしうる大陸間弾道ミサイル（ＩＣＢＭ）を有している確率が高いと見なされているからに他ならない。北朝鮮の金正恩労働党委員長は、リビア、イラクの例を見るまでもなく、核兵器を一旦廃棄すれば全て終わりであることは分かり過ぎる位分かっており、核兵器廃棄に向けての交渉が米朝間で行われてはいるが、金正恩がそうたやすく核兵器の廃棄、朝鮮半島の非核化に応じるとはとても思われない。そういった諸々の事を考慮すれば、日本を再度真の大国として各国、特に米国に認めさせると共に、北朝鮮による拉致問題解決の為にも、日本も核兵器を保有し、自国は自力で守れる国にすべしとの意見があるのも周知の事実であり、筆者もふとそれに与する考えが浮かぶことがあるのも正直申し上げて事実である。もし日本がアルゼンチン、チリ、オーストラリア、南アみたいな地球の最果ての地にあるのなら、核兵器を保有すべきか否かなんていうのは無用な議論となろうが、不幸にも日本は常に危険極まりない国々が近くに鎮座ましましているという、地理的に逃げて避けられない場所に位置しているのである。その上、自尊心が強く知能に優れ勤勉であるという日本国民の国民性からして、地球の最果てでのほほんとして、毎日晴耕雨読の生活が送れるような民族ではなく、実力以上に常に大国の中に留まっていたいという厄介な国民性がいろいろ事態を複雑にしているのではなかろうか。

そういった中にあって、いわば真逆の発想として、危険極まりない核兵器をこの世から廃絶すべしとの議論があり、特に唯一の被爆国である日本はその廃絶に向けてもっと声を高らかに努力すべきであり、その資格を有する唯一の国なのに、何故リーダーシップを発揮しないのかとの批判が根強くある。核兵器廃絶についての議論は今に始まったことではなく、過去いろいろな議論がかわされて来た中にあって、昨年の7月、国連にて「核兵器禁止条約」なるものが、国連加盟国193カ国中、賛成122カ国、反対1カ国、棄権1カ国の圧倒的多数で採択された。国連安保理常任理事国5カ国、カナダ、独、韓国、北朝鮮などは不参加、世界で唯一の被爆国たる日本も不参加。この条約は条文の中には「ヒバクシャ」なる日本語がそのまま入っており、また条約採択に努力した国連事務局の実質上の最高責任者は、日本人女性、中満泉国連事務次長であったにも拘わらず、日本は不参加。我が国の不参加に対する言い分は、表向きは、この条約は核兵器保有国と非保有国との対立を煽るだけであり、問題の解決に資するどころか、逆効果であるということになっているが、我が国が米国のいわゆる「核の傘の下」に居ざるを得ないところから、昨今流行語の一つになった感のある「忖度」が米国に対して働いたのではと勘ぐるのは筆者のみではあるまい。確かに現実問題として、一気に核兵器をこの世からなくするのは不可能に近いのは理解し得るとしても、唯一の被爆国であるにも拘わらず議論にすら参加しないという態度は、被爆者並びにその関係者だけでなく、一般常識人にとっても到底理解に苦しむ態度ではなかろうか。日本が米国の「核の傘の下」に残念ながら居ざるを得ない現状と、この条約の議論に参画することが、果たして相いれない事なのであろうか。本文の中でも何回か言及させて頂いているが、日米両国政府によって設立された「(財) 放射線影響研究所」に筆者が長年にわたり関わって来ているが故の身びいき的意見ではない点敢えて申し添えたい。

後者の原発問題についても本文の中で何回か言及させて頂いているので繰り返すつもりはないが、即刻原発を廃炉にすべしとの細川、小泉両元総理が主張されているような議論が果たして現実的なものであるか否かは別として、原発ゼロに向けての代替エネルギー開発促進に関する具体案の作成を含む議論が早急に、政府、国民の間でもっと真剣に行われて然るべきであると考えるのは間違いであろうか。

最後に40年余にわたる外交官生活を顧みるに、我が国には第二次世界大戦への反省として平和外交なるものが求められているけれど、この平和外交を推進するにしても、その外交をより効果的かつ強力に推進させるには、その背後にやはり何らかの「力」が存在している事が重要である。その力としては、戦後行って来ているいわゆるお金持ち国としての資金援助、技術協力等からなるODAを中心とする経済協力だけでは駄目で、戦前のように、資金援助等に加え、日本も隣国中国、ロシア等のように、自衛隊（これを他国と同様軍隊と呼んでいいか否かの論争にはこの際敢えて触れないこととして）を自国防衛にとどまらず、実際に出動させるか否かはその時々の政府、国民の判断に委ねるとしても、いざとなったら海外にも出動させかねないぞとの無言の武力圧力を相手国に感じさせる事が可能な体制の国であれば、もっと外交はやりやすかったのになあというのが、かなり短絡的な感想で申し訳ない感じもするが、偽らざる感想である。ただこの「武力」とは言っても、将来人類そのものを地球から根絶させかねない核兵器、あるいはそれに類する兵器だけは絶対にこの世から廃絶させなければならないという信念には、いささかの変わりはないことを最後に申し述べたい。

平成30年10月

著者紹介

國安正昭（くにやす・まさあき）

山口県周防大島町出身。山口県立安下庄高校（現周防大島高校）卒。昭和33年東京大学入学。在学中外交官上級試験合格。昭和37年卒業。同年外務省入省。国連代表部一等書記官。中南米第一・第二課長。外交官上級試験官。皇太子、同妃殿下パラグアイ、ブラジル御訪問随員。国際連合局科学課長。経済協力局経済協力第一課長。経済局調査官。在ソ連大使館参事官。在フィリピン大使館公使兼マニラ総領事。大臣官房外務参事官。大臣官房審議官。東京都外務長等歴任後、平成4年駐スリランカ（セイロン）特命全権大使。平成7年駐ポルトガル共和国特命全権大使。平成10年駐ヴェネズエラ共和国特命全権大使。平成13年外務省退官後、外交評論家。富岡八幡宮特別顧問。日米共同研究機関（財）放射線影響研究所評議員（議長）。（財）防長教育会評議員（長）。（財）防長倶楽部（東京山口県人会）理事。（財）川崎市国際交流協会会長。（医療ＮＰＯ）イーマ会長。日本ファド愛好クラブ会長。日中友好映画祭実行委員会会長。（ＮＰＯ）ふるさと東京を考える実行委員会顧問。（社）日本躾の会理事。渾沌の会会長。（株）富士通顧問。（株）グローブマネージメント顧問。総合戦略研究所顧問。（株）西洋館センター顧問。（有）東京ＭＴＣ顧問等々、歴任（職）ないしは在職中。平成26年4月瑞宝重光章受章（春の叙勲）。

著書『ソ連とのつきあい方』（善本社）。『フィリピン市民革命の真相』（日本地域社会研究所）等。

山口県《やまぐちけん》のド田舎《いなか》から世界《せかい》へ　元外交官《もとがいこうかん》の回顧録《かいころく》

2018年11月27日　第1刷発行

著　者　國安正昭《くにやすまさあき》
発行者　落合英秋
発行所　株式会社 日本地域社会研究所
〒167-0043　東京都杉並区上荻1-25-1
TEL（03）5397-1231（代表）
FAX（03）5397-1237
メールアドレス　tps@n-chiken.com
ホームページ　http://www.n-chiken.com
郵便振替口座　00150-1-41143
印刷所　中央精版印刷株式会社

ISBN978-4-89022-231-5